ЛУИЗА ХЕЙ

Счастливые цвета и числа

Москва
2020

УДК 133.4
ББК 86.42
Х35

Хей, Луиза.

Х35 Счастливые цвета и числа / Луиза Хей. – Москва : Эксмо, 2020. – 160 с. – (Луиза Хей. Бестселлеры).

Вы можете изменить жизнь к лучшему лишь силой своих мыслей! Это проверила на себе сама Луиза Хей и вслед за ней – миллионы людей во всем мире. Вы не станете исключением, дорогой читатель.

Кроме позитивных аффирмаций на каждый день и на все случаи жизни, в этой книге вы найдете уникальную теорию Луизы Хей, посвященную цветам и числам, их роли в нашей повседневной жизни. И не только теорию – с помощью специальных таблиц и методик вы сможете рассчитать свой личный год, месяц и день и узнать, как их применять для достижения успеха. А еще вы окунетесь с головой в мир красок и научитесь использовать цвета во благо себе и окружающим.

УДК 133.4
ББК 86.42

Издание для досуга

ЛУИЗА ХЕЙ. БЕСТСЕЛЛЕРЫ

Луиза Хей

СЧАСТЛИВЫЕ ЦВЕТА И ЧИСЛА

Главный редактор *Р. Фасхутдинов*. Ответственный редактор *А. Мясникова*. Редактор *Л. Гречаник*
Художественный редактор *В. Терещенко*. Младший редактор *М. Коршунова*
Компьютерная верстка *Е. Дейнека*. Корректор *В. Ганчурина*

В оформлении обложки использована фотография: Ovi M / Shutterstock.com
Используется по лицензии от Shutterstock.com

ООО «Издательство «Эксмо»
123308, Москва, ул. Зорге, д. 1. Тел.: 8 (495) 411-68-86.
Home page: www.eksmo.ru E-mail: info@eksmo.ru
Интернет-магазин : www.book24.ru
Интернет-магазин : www.book24.kz
Интернет-дүкен : www.book24.kz
Импортёр в Республику Казахстан ТОО «РДЦ-Алматы».
Сертификация туралы ақпарат сайтта: www.eksmo.ru/certification
www.eksmo.ru/certification

ISBN 978-5-699-86256-6

Подписано в печать 10.03.2020. Формат 70x102 $^{1}/_{32}$. Печать офсетная. Усл. печ. л. 6,61. Доп. тираж 2000 экз. Заказ 2573.

Отпечатано в АО «Первая Образцовая типография»,
филиал «УЛЬЯНОВСКИЙ ДОМ ПЕЧАТИ». 432980, Россия, г. Ульяновск, ул. Гончарова, 14

ISBN 978-5-699-86256-6

СОДЕРЖАНИЕ

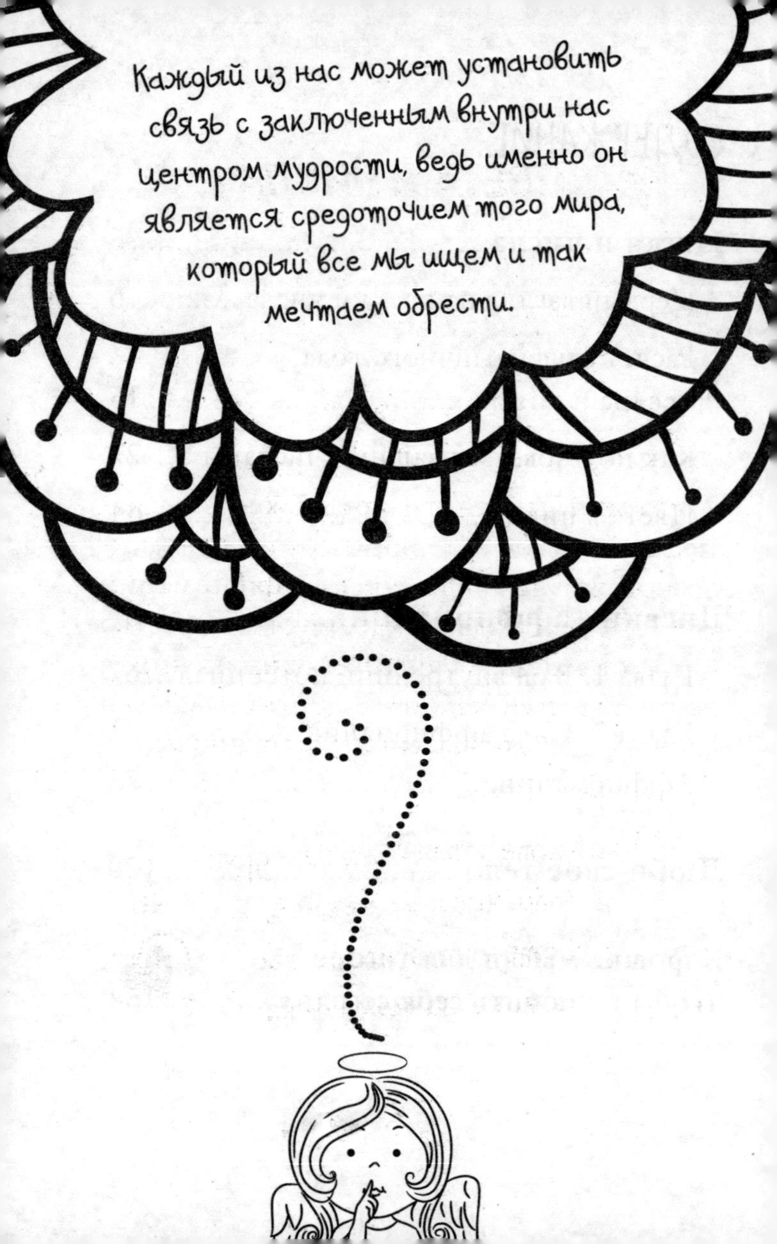
Каждый из нас может установить связь с заключенным внутри нас центром мудрости, ведь именно он является средоточием того мира, который все мы ищем и так мечтаем обрести.

ЦВЕТА И ЧИСЛА

В этой части книги предложен занимательный способ объединить в вашей повседневной жизни цвета, числа, аффирмации и духовные идеалы. Существует множество взглядов на смысл чисел, и один из них — наш — как нам кажется, достоин вашего внимания и размышлений. Особенно ценно

Подарите любимому или другу что-нибудь цветное, соответствующее его или ее личному дню.

здесь то, что аффирмации можно использовать для создания ежедневного настроения. Читайте и наслаждайтесь жизнью.

ПЕРВЫЙ ВЗГЛЯД НА ЦВЕТА И ЧИСЛА

Таблица 1

Номер	Цвета	Драгоценные камни и металлы	Ключевые слова
1	Красный	Рубин	Начинания
2	Оранжевый	Лунный камень	Сотрудничество
3	Желтый	Топаз	Радость
4	Зеленый	Изумруд или нефрит	Практичность
5	Голубой	Бирюза или аквамарин	Изменение

Номер	Цвета	Драгоценные камни и металлы	Ключевые слова
6	Синий	Сапфир или лазурит	Ответственность
7	Пурпурный или фиолетовый	Аметист	Вера
8	Бежевый, коричневый или розовый	Бриллиант	Успех
9	Все пастельные	Опал или золото	Завершение
11/2	Черный, белый или жемчужно-серый	Серебро	Интуиция
22/4	Коралловый, красновато-коричневый или желтовато-коричневый	Коралл	Величие

Изучение цвета завораживает. Мы живем в красочном мире. Даже так называемая бесцветность имеет окраску. Трудно представить себе мир без цвета.

Когда мы думаем о цветах и оттенках, то прежде всего вспоминаем природу. Мы с нетерпением ждем первых нежных ростков, подтверждающих приход весны. Вид крокусов, внезапно появляющихся из оттаявшей почвы, согревает наши сердца. Пышность и сочность зелени и цветов середины лета позволяют нам почувствовать щедрость земли. Затем начинается потрясающий осенний спектакль в желтых, оранжевых и красных тонах. Заканчивается осень, и приходит зима, покрывая белым снежным одеялом землю, оставляя серыми стволы и ветви деревьев. Мы снова ждем наступления весны.

А сколько раз за свою жизнь наблюдаем мы закаты и рассветы, восхищаясь невероятной игрой цвета? Восход солнца в пустыне вызывает в наших сердцах благоговейный трепет. От рассвета и до глубокой ночи сквозь блистающий красками день и сквозь сумерки мы наслаждаемся тысячами оттенков цвета и света. Когда мы находим время поднять глаза к синему небу, то чувствуем мир и покой открытого космоса. Цвета выполняют уже не просто декоративную функцию, они оказывают на нас сильное воздействие.

Цвет — неотъемлемая часть нашей жизни. Однако большинство из нас остается в глубоком неведении относительно того, какую пользу может принести сознательное использование цвета. Каждый цвет излучает свою собственную энергию, которую мы можем применить для улучшения нашей жизни.

Изучение чисел уходит корнями в глубокую древность и всегда было уважаемым занятием.

Греческий философ Пифагор, которого часто называют отцом нумерологии (науки о магических числах), считал, что числа и количественные соотношения являются сущностью вещей, «первоосновой мира». Даже в эпоху Ренессанса (Возрождения. В Италии XIV–XVI вв., в других европейских странах XV–XVI вв. — *Прим. пер.*) архитекторы использовали при возведении церквей мистические числовые системы, веря, что таким образом усиливают Божественное присутствие внутри священных стен.

Все цвета и числа имеют свой особый смысл и в этой книге рассматриваются вместе, поскольку, как учит нас нумерология, каждому числу соответствует определенный цвет, каждый месяц и каждый день меняются вибрации, а с изменением числовых вибраций меняются и цвета.

Существует множество возможностей взаимодействия с Жизнью. Осознанное использование наших личных чисел и цветов — один из способов облегчить течение дней. Эта книга показывает нам еще одну возможность внедрить гармонию цветов и чисел в нашу повседневную жизнь. Числа и цвета, наполняющие наши дни, полезны для формирования нашей жизненной позиции, поскольку могут стать базисом наших аффирмаций и самооценок, что и является истинной целью этой книги.

Кажется, что все вокруг нас пронумеровано: улицы и дома, телефоны и банковские счета, электрические бытовые приборы, карточки социального обеспечения и кредитные карточки, бумажные деньги, рабочие и праздничные дни в календарях. Однако самыми личными нашими номерами являются наш возраст и дата рождения.

Цвет также встречается нам повсюду. Мы все едим пищу и носим одежду, многие из нас носят украшения из драгоценных металлов и камней. Мы украшаем наши жилища, выбирая цвета стен и мебели, ковров и портьер. Наши средства передвижения и наши рабочие места также имеют свою окраску. Когда мы ежедневно сознательно выбираем оттенки, драгоценности, пищу и одежду, сочетающиеся с нашими персональными вибрациями, мы усиливаем нашу способность взаимодействовать с внешним течением жизни. Наше здоровье и разумное отношение к самим себе могут быть определены цветами, которые мы носим.

Мужчины и женщины, молодые и пожилые, активные и малоподвижные — все откроют для себя значение введения цветов и чисел в свою жизнь. Каков бы ни был ваш образ жизни, где бы вы ни жили, использование цвета в вашей жизни постоянно, и числа присутствуют повсюду.

Все цвета хороши, и в разное время мы чувствуем себя комфортно в окружении

Аффирмации можно использовать для создания ежедневного настроения. Читайте и наслаждайтесь жизнью.

разных оттенков. Наша повседневная жизнь может быть улучшена, если мы станем использовать цвета, наиболее гармонирующие с нашими персональными вибрациями в данный день. Именно изучение чисел открывает нам наши дневные, месячные и годовые вибрации. Когда мы выбираем цвет, соответствующий этим особенным вибрациям, и обращаем внимание на то, что говорит нам данное число, мы настраиваемся на одну волну с жизнью.

Как вы увидите далее, каждый прожитый вами день (личный день) имеет цвет, вибрации которого совпадают с числом этого дня.

Каждый день также имеет драгоценный камень, резонирующий с этим цветом и числом. Драгоценные камни, как и цвета, имеют вибрации, то есть, если их носить, они могут усилить желаемое настроение. Для каждого личного дня существует и ключевая фраза, создающая его атмосферу.

Для каждого личного дня я добавила аффирмацию. Я призываю вас сосредоточиться на этих положительных идеях. Я люблю произносить их по утрам, как только просыпаюсь, готовясь к новому радостному, увлекательному, познавательному дню.

Каждый из нас имеет собственные числовые и цветовые вибрации. Некоторые из этих чисел — такие как наш день рождения — постоянны. У нас также есть временные персональные цвета, меняющиеся с изменением календарных дат. Осознанно окружая себя нашими персональными цветами, мы добиваемся большей гармонии с космическими силами.

Для тех, кто хочет более глубоко познакомиться с данным предметом, существует много хороших книг. А теперь давайте исследуем один из аспектов данной темы: изучение чисел для определения цвета в нашей повседневной жизни. В следующей главе я объясняю методы, применяемые для вычисления вибраций вашего личного года, вибраций вашего личного месяца и вибраций вашего личного дня.

РАСЧЕТ ВАШЕГО ЛИЧНОГО ГОДА, МЕСЯЦА И ДНЯ

Во-первых, существует вибрация Универсального года (текущего года). Эта вибрация оказывает влияние на всех. Мы находим число, которое соответствует ей, складывая четыре цифры текущего года.

Например, год 1998 рассчитывается сложением 1 + 9 + 9 + 8 = 27. В нумерологии мы продолжаем редуцировать (сокращать) числа до получения единственной цифры; таким образом, мы складываем 7 + 2 = 9, т.е. 1998-й год является Универсальным годом № 9.

Личный год

Приведенный выше пример используйте для вычисления вашей вибрации личного года. Прибавьте ваш собственный месяц и день рождения к текущему универсальному году.

Если вы родились 23 октября, то сложите:

10 (октябрь—десятый месяц);
23 (день);
9 (Универсальный год, 1998).
42: 4 + 2 = 6.
1998 = 6—это номер вашего личного года.

Личный месяц

Чтобы найти вашу вибрацию личного месяца на текущий месяц, добавьте ваш личный год к календарному месяцу. Используем приведенный выше пример. Если число вашего личного года — 6, а текущий месяц — апрель, следует считать так: 6 (Личный год) + + 4 (апрель) = 10. (Помните, что двузначные числа уменьшаем до одной цифры.) Ваша вибрация личного месяца будет 1:

6 (Личный год);
4 (календарный месяц — апрель);
10: 1 + 0 = 1.
Апрель 1998 = 1 — это номер вашего личного месяца.

Личный день

Чтобы найти вашу вибрацию личного дня, прибавьте ваш личный месяц к календарному дню.

Используем вышеприведенный пример с апрелем 1998 г. Если для вас 1 — личный месяц, а сегодня 1 апреля, прибавьте номер личного месяца к календарному дню:

Для 1 апреля 1998 г. складываем:

1 (Личный месяц, как сказано выше);
1 (календарный день: 1 апреля);
1 + 1 = 2.
1 апреля 1998 г. = 2 — это номер вашего личного дня.

Как только вы определили номер вашего личного дня, каждый следующий день нумеруется последовательно от № 1 до № 9. После № 9 личного дня вы возвращаетесь к личному дню № 1. Эта процедура продолжается до конца месяца. Когда вы вступаете в новый личный месяц, вы начинаете счет сначала.

Если ваши вычисления персональных вибраций дали вам 11 или 22, не редуцируйте эти числа до 2 или 4. Числа 11 и 22 считаются господствующими числами. Они указывают на то, что в этот период вам предоставлена возможность действовать на более высокой вибрации. В это время вы находитесь в большей гармонии с универсальными законами, действующими в вашем мире и во всем мире в целом. Записывайте их как «11/2» или «22/4», чтобы напоминать себе: вы имеете выбор остаться на 2 или подняться к 11, или с 4 достичь 22. Например, цифра 2 следует за лидером, 11 — лидер; 4 работает на личность, 22 работает на сообщество.

Осознанно окружая себя нашими персональными цветами, мы добиваемся большей гармонии с космическими силами.

Полезно знать, что каким бы ни был личный год, первый личный месяц будет иметь следующий номер. Например, январь 8-го личного года будет 9-м личным месяцем. Первый день 9-го личного месяца будет 1-м личным днем.

Дни двойной и тройной интенсивности

9-й, 18-й и 27-й личные дни каждого календарного месяца будут иметь те же номера, что и личный месяц. Например, в 6-м личном месяце 9-е, 18-е и 27-е будут 6-ми личными днями. Это дни двойной интенсивности, которые желательно отметить звездочкой в вашем календаре. В дни двойной интенсивности окружающая энергия будет усилена вдвое, то есть у вас есть еще большая возможность использовать эту энергию для вашей пользы и развития.

Сентябрь всегда является особым месяцем. Число месяца сентября всегда имеет то же число, что и ваш личный год. Таким образом, 9, 18 и 27 сентября всегда имеют тройную интенсивность. Например, в 6-м личном году сентябрь будет для вас 6-м личным месяцем, и весь месяц будет усилен. В сентябре 9-е, 18-е и 27-е также будут 6-ми личными днями тройной интенсивности. Вы можете также отметить эти дни звездочкой в вашем календаре, возможно, другим цветом, чтобы указать утроенную энергию этих дней.

Полезные советы

Последние два месяца календарного года всегда имеют те же персональные числа месяцев, что и начальные два месяца следующего календарного года. Однако годовые персональные вибрации будут разными. В 6-м личном году ноябрь будет 8-м личным месяцем, а декабрь будет 9-м личным месяцем. В следующие два месяца следующего календарного года (который будет вашим

7-м личным годом) январь будет 8-м личным месяцем, а февраль будет 9-м личным месяцем. Числа будут теми же, но годовые персональные вибрации будут другими, поскольку вы теперь находитесь в 7-м личном году.

Конечно, вы можете делать что угодно в любой день, однако если вы воспользуетесь особой энергией, которую предоставляет данный день, то вы почувствуете большую гармонию с жизнью. Если идет снег, не в ваших интересах выходить на улицу в шортах и босиком. Вам будет гораздо удобнее, если вы оденетесь соответственно снежной погоде. Так и с жизнью. Есть время, когда определенные поступки и деятельность более уместны и удобны, чем другие. В некоторые дни вы просто чувствуете, что правильно поступите, если пойдете в магазин или в банк, в другие, возможно, правильно вымыть полы. Вы настраиваетесь на те энергии, которые окружают вас и вашу жизнь. Эта книга предлагает способ делать это сознательно.

В нумерологии черный цвет используется редко. В 11/2 дни можно носить черное в комбинации с белым, хотя я лично чувствую, что жемчужно-серый цвет и серебро являются более энергичными в эти дни. Черное — это отсутствие цвета, а за многие годы консультирования я обнаружила, что люди, которые часто или всегда носят черное, редко бывают счастливыми. Черный цвет имеет тенденцию ограничивать и подавлять настроение. Если у вас есть эмоциональные проблемы и/или вы часто носите черное, я бы предложила вам воздержаться от черного цвета в течение месяца и посмотреть, не станете ли вы бодрее. Возможно, вы даже найдете больше радости в жизни!

Если вы впервые пользуетесь этими идеями, вероятно, вам понадобится некоторое время, чтобы создать гардероб, включающий все цвета одежды на все времена года. А пока используйте то, что есть у вас под рукой. Необязательно вся одежда должна быть необходимого цвета. Прекрасно подойдет просто шарф, или пояс, или носовой платок, или даже цветное белье. Иногда для напоминания о цветовых вибрациях дня достаточно носить цветную ручку или поставить в вазу несколько цветков. Подарите любимому или другу что-нибудь цветное, соответствующее его или ее личному дню.

Пища, которую мы едим, также имеет цвет. Цвет пищи имеет такое же значение, как цвет вашей одежды. Например, в красный № 1 личный день красные яблоки, помидоры или свекла могут подпитать вас энергией. Входя в новый личный год, вы можете купить для дома что-нибудь, что будет напоминать вам о соответствующем цвете весь год. Вы можете купить новое легкое покрывало на постель или выкрасить стены вашей любимой комнаты в приятный оттенок цвета вашего личного года. Можно купить себе кольцо или кулон. Если вы собираетесь приобрести новую машину, вибрации вашего личного года могут повлиять на выбор цвета. Используйте свое воображение, чтобы внести полные значения краски в вашу жизнь. Ваше воображение отражает ваше представление о себе и любовь, которую вы развиваете к себе.

Когда вы сомневаетесь — если у вас нет подходящего цвета для вашего личного дня, — вы всегда можете использовать цвет вашего личного месяца или личного года. Число и цвет вашего личного года — это как бы музыкальное сопровождение всего, что вы будете делать в этом году.

Попробуйте, это интересно!
Посмотрите, что произойдет.

Цвет — неотъемлемая часть нашей жизни. Каждый цвет излучает свою собственную энергию, которую мы можем применить для улучшения нашей жизни.

Наше здоровье и разумное отношение к самим себе могут быть определены цветами, которые мы носим.

КАК ПОЛЬЗОВАТЬСЯ ВАШИМИ ЧИСЛАМИ

Теперь, когда вы рассчитали ваши собственные текущие личные год, месяц и день, обратитесь к разделу, объясняющему ваш личный год. Прочитайте указания для вашего личного года и то, что этот год означает для вас. Персональный год является фоном для вашего личного дня. Каждый день, просыпаясь, обращайтесь к разделу, соответствующему числу вашего личного дня. Затем обдумывайте предлагаемые мною идеи и аффирмации, которые помогут вам добиться наибольших успехов в ваш личный день. Указания для личного дня необходимо использовать в сочетании с указаниями личного месяца и личного года. Указания на личный месяц те же, что и на личный год с таким же числом, поэтому, чтобы найти указания на ваш личный месяц, придется вернуться к разделу личного года. Я предпочитаю концентрироваться на текущем дне и, таким образом, пользоваться указаниями для личного дня и личного года больше, чем для личного месяца.

Личный год

1-й Личный год

Цвет: КРАСНЫЙ.
Драгоценность: РУБИН.
Ключевое слово: НАЧИНАНИЯ.

Это год для новых начинаний, новых стартов, новых идей, для всего нового. Это время посадки, высевания семян. Семена, посаженные в этом году, окажут влияние на последующие восемь лет. Помните, семена не всходят за одну ночь. Сначала они должны прорасти и пустить корни. Только тогда они дадут ростки. Дайте возможность своим идеям пустить корни. Продумайте, чего вы хотите от этого девятилетнего цикла, и начинайте работать над этим планом сейчас. Будьте самими собой и решительно идите вперед. Возьмите власть в свои руки. Положитесь на себя, а не на партнерство или союзы. В этот год наибольшее влияние имеют независимость и самостоятельность. Проведите подготовительную работу сейчас. Не теряйте времени, не останавливайтесь. Это ваш год для возделывания почвы и прокладывания нового пути.

Я делаю первые шаги
и начинаю новые смелые дела.

2-й Личный год

Цвет: ОРАНЖЕВЫЙ.
Драгоценность: ЛУННЫЙ КАМЕНЬ.
Ключевое слово: ТЕРПЕНИЕ.

Семена, которые вы посадили в прошлом году, находятся в почве и готовы прорасти. Этот год заслуживает отдыха и тишины. Убедитесь, что вы ими обеспечены. Учитесь и накапливайте знания. Практикуйтесь в дипломатии и тактичности. Совместная работа в команде больше всего подходит этому году. Сотрудничество прежде всего. Ничего не форсируйте в этом году. Будьте терпеливы и ждите. То, что правильно, придет к вам. Обращайте внимание на детали. Собирайте то, что вам необходимо. Ищите скрытый смысл, возможность представится. Думайте, планируйте, сохраняйте душевный покой. Будьте спокойны и ждите. Это очень благоприятный год для любви, взаимоотношений и партнерства.

Я доверяю течению жизни,
развивающейся в соответствии
с Божественным порядком!

3-й Личный год

Цвет: ЖЕЛТЫЙ.
Драгоценность: ТОПАЗ.
Ключевое слово: РАДОСТЬ.

Этот личный год — для радости. То, что вы посеяли два года назад, начинает претворяться в жизнь. Верьте в себя. Семена начинают пускать корни. Рождение очевидно. Все хорошо, и вы чувствуете это. Любовь повсюду. Это время для друзей и для того, чтобы делать то, чем вы наслаждаетесь. Развлекайтесь и ходите на встречи и вечеринки. Уезжайте на праздники и в отпуск. Влияние этого года — общественное и художественное. Как можно больше самовыражайтесь в творчестве. Смейтесь и улыбайтесь, пойте и танцуйте, освещайте своей радостью все вокруг вас. Ваш год будет полон радости.

Я люблю жизнь и радость жизни!

4-й Личный год

Цвет: ЗЕЛЕНЫЙ.
Драгоценности: ИЗУМРУД или НЕФРИТ.
Ключевое слово: ПРАКТИЧНОСТЬ.

Теперь пора вернуться к работе. Семена дают ростки. Займитесь прополкой. Будьте производительны и организованны. Стройте ваш фундамент. Занимайтесь делами и следуйте вашему графику. Проведите инвентаризацию. Приведите вашу жизнь в порядок и уделите внимание деталям. Опирайтесь на самодисциплину и избегайте лени. Делайте все охотно, и у вас будет вся необходимая вам энергия. Хорошенько позаботьтесь о вашем здоровье. Вы строите свое будущее, так что отнеситесь к этому творчески. Разрешите проблемы этого года. Чем больше вы потратите усилий, тем большее вас ожидает вознаграждение. Результаты будут прекрасными.

Я использую все возможности, и у меня все получается!

Осознанное использование наших личных чисел и цветов — один из способов облегчить течение дней.

5-й Личный год

Цвет: ГОЛУБОЙ.
Драгоценности: БИРЮЗА
или АКВАМАРИН.
Ключевое слово: ИЗМЕНЕНИЕ.

Веют ветра свободы и перемен. Урожай созревает. После всей работы предыдущего года вы заслуживаете отдыха. Пусть этот личный год станет годом перемен. Сделайте решительный шаг вперед. Нарушьте заведенный распорядок. Освободитесь от старых идей. Сделайте что-нибудь необычное. Изменитесь. Освободитесь и живите по-новому. Это прекрасный год для изучения нового языка или начала жизни в новом месте. Создавайте перемены—в себе, в вашем доме, в вашем образе жизни, в вашей работе. Только убедитесь, что эти изменения не вредят другим людям. Общайтесь с как можно большим числом людей. Ищите приятные сюрпризы. Однако не теряйте бдительности. Будьте активны, но не беспокойны. Этот год может доставить много радости.

Я принимаю ответственность с любовью и радостью!

6-й Личный год

Цвет: СИНИЙ.
Драгоценности: ЖЕМЧУГ, САПФИР или ЛЯПИС-ЛАЗУРЬ.
Ключевое слово: ОТВЕТСТВЕННОСТЬ.

Пришло время для дома и семьи, друзей и знакомых. У вас множество планов. Сделайте дом центром своей жизни. Будьте ответственны, честны и справедливы. Принимайте свои обязанности с готовностью и желанием. Позаботьтесь обо всем, что принадлежит вам, о людях, вещах и местах, где вы бываете. Этот год—лучший для вступления в брак, для переезда в новый дом. Сделайте музыку частью своей жизни. Чаще оставайтесь дома по вечерам. Установите для себя новые правила поведения и придерживайтесь их. Заканчивайте все, что начинаете. Привнесите ритм и гармонию в свою жизнь. Все, что вы делаете для других, принесет пользу и вам. Станьте советчиком. Предлагайте свою помощь везде, где только можете. Этот год вы можете посвятить себе. Год, несущий чувство глубокого удовлетворения.

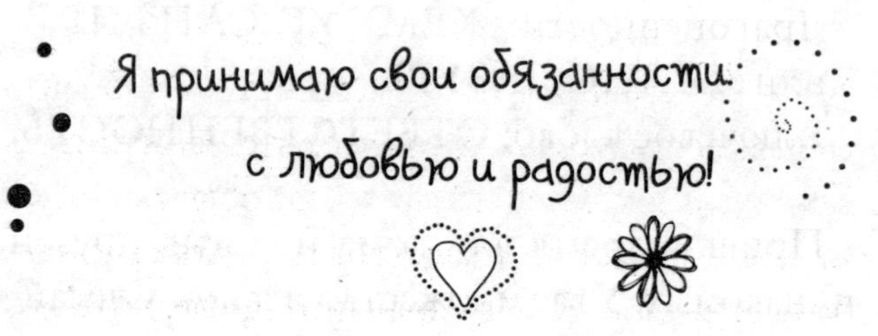

7-й Личный год

Цвета: ПУРПУРНЫЙ
или ФИОЛЕТОВЫЙ.
Драгоценность: АМЕТИСТ.
Ключевое слово: ВЕРА.

Это духовный год. Плод только начинает появляться на стебле, и мы должны верить, что он созреет. Уделите время размышлениям, учебе и самоанализу. Проводите много времени в одиночестве и пользуйтесь этим временем творчески. Анализируйте свои мысли и поступки. Что бы вы хотели изменить в себе? Число 7 всегда открывает то, чего мы обычно не замечаем. Продумайте свою жизнь. Этот год—для внутреннего роста и подготовки. Не лезьте вон из кожи и не пытайтесь форсировать события; пусть все само приходит к вам. Постарайтесь по возможности освободить свою деловую жизнь. Медитируйте, занимайтесь самоанализом. Оставьте на время общественную жизнь. Можете путешествовать, чтобы узнать больше о себе. Это духовный год, следуйте его влиянию. Позвольте расти своей душе.

Я наслаждаюсь духовными поисками и нахожу ответы на многие вопросы!

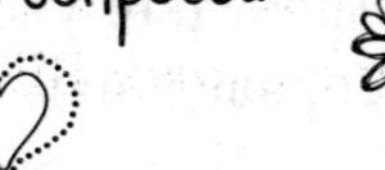

Используйте свое воображение, чтобы внести полные значения краски в вашу жизнь.

8-й Личный год

Цвета: БЕЖЕВЫЙ, КОРИЧНЕВЫЙ или РОЗОВЫЙ.
Драгоценность: БРИЛЛИАНТ.
Ключевое слово: УСПЕХ.

Это успешный год. Время сбора урожая. То, что вы посадили восемь лет назад, теперь готово. Отнесите ваши плоды на рынок. Бизнес и все материальные вещи теперь ваши. Приложите немного усилий, и вы достигнете многого. Идите за тем, чего желаете. Будьте руководителем, администратором, организатором. Будьте квалифицированны и деловиты. Будьте уверены в себе. Будьте честны и справедливы во всех ваших делах.

Вы можете достичь очень многого. Надейтесь на неожиданные деньги. Год благоприятен для деловых поездок. Этот год — для достижений. Смело в путь!

Мне сопутствует удача,
я преуспеваю в своем мире!

9-й Личный год

Цвета: ВСЕ ПАСТЕЛЬНЫЕ ЦВЕТА.
Драгоценности: ОПАЛ или ЗОЛОТО.
Ключевое слово: ЗАВЕРШЕНИЕ.

Это время завершения и осуществления. Сад завершил этот цикл, однако продолжает приносить некоторые плоды. Это год весеннего очищения. Загляните в углы. Просмотрите все и выбросьте то, что стало бесполезным для вашей жизни, — людей, места, идеи и вещи. Дайте уйти тому, что кончилось. Не держитесь за это. Многое уйдет из вашей жизни в этом году. Благословите и отпустите. Вы освобождаете место для нового следующего года. Вокруг вас много счастья. Это год завершений. Не начинайте ничего нового. Не ищите сейчас новых любовных связей; они не будут долговечными. Наслаждайтесь художественной стороной жизни. Поезжайте в дальнее путешествие и узнайте других. Уступайте. Давайте другим. Будьте терпимы, сострадательны, великодушны. Любовь должна быть разделена со всеми. По-настоящему осознайте родство всех, живущих на этой планете. Старый цикл завершается. Готовьтесь к новому циклу, начинающемуся в следующем году.

Я удовлетворена, совершенна, реализована!

11/2 Личный год

Цвета: ЧЕРНЫЙ, БЕЛЫЙ
или ЖЕМЧУЖНО-СЕРЫЙ.
Драгоценность: СЕРЕБРО.
Ключевое слово: ИНТУИЦИЯ.

11/2 — господствующее число. Поднимитесь над повседневной рутиной. Сверкайте, как звезда. Установите для себя новые критерии на духовном уровне. Больше исследуйте духовную и метафизическую стороны жизни. Универсальная любовь важнее личной любви в этом году. Таинственное будет больше интересовать вас. Это не деловой год, хотя у вас появится много плодотворных идей на будущее. Живите достойно ваших идеалов. Готовьте себя. Слава и почет придут к вам в этом году. Сейчас время для внутреннего роста, раздумий и разъяснений.

Я слушаю внутренний голос разума!

22/4 Личный год

Цвета: КОРАЛЛОВЫЙ, КРАСНОВАТО-КОРИЧНЕВЫЙ или ЖЕЛТОВАТО-КОРИЧНЕВЫЙ.
Драгоценность: КОРАЛЛ.
Ключевое слово: ВЕЛИЧИЕ.

22/4 — господствующее число. Высшие достижения ждут вас, если вы подниметесь над 4. Общество нуждается в вас. Если вы работаете только для себя, вы упустите все преимущества этого года. Если вы работаете над большими планами на благо многих, ваши проекты будут успешными. Это возможность для могущественного года, полного великих проектов. Постройте что-то стоящее. Используйте все свои умственные способности. Нечасто вам выпадает такой год. Известность и власть могут стать вашими.

Я работаю на благо планеты,
и я счастлива!

1-й Личный день

Цвет: КРАСНЫЙ.
Драгоценность: РУБИН.
ВРЕМЯ НАЧИНАНИЙ.

Будьте независимы. Делайте в этот день то, что хотите делать. Следуйте за событиями. Посещайте новые места. Встречайтесь с новыми людьми. Испытывайте новые идеи. Начинайте новую работу. Будьте активны. Это прекрасный день для первого свидания. Вы обнаружите, что сегодня мужчины важны в вашей жизни. Будьте сегодня лидером. Доверяйте себе и своей интуиции. Будьте оригинальной и творческой личностью. Будьте честолюбивы. Чувствуйте свою силу и власть. Будьте смелы. Гнев, упрямство, нетерпение или тревога могут разрушить ваши возможности. Ищите новое.

Я открываю новые врата в жизнь!

Сегодня я доверяю бесконечному разуму во мне вести и направлять меня в новые сферы жизни. Я не боюсь этого пути, доверяя течению Жизни. На этом пути Жизнь поддерживает меня на каждом шагу. Я сыта, одета, у меня есть дом и меня любят — и это полностью удовлетворяет меня. Я встречаю новое с открытыми объятиями, понимая, что все скоро станет знакомым. Я знаю, что мои друзья и любимые когда-то были чужими для меня. Я радушно встречаю новых людей в моей жизни. Сегодня — прекрасный новый день для меня.

Изучение чисел открывает нам наши дневные, месячные и годовые вибрации.

2-й Личный день

Цвет: ОРАНЖЕВЫЙ.
Драгоценность: ЛУННЫЙ КАМЕНЬ.
СОТРУДНИЧЕСТВО.

Будьте спокойны. Это время соглашаться с другими. Делайте больше своей доли. Будьте терпеливы, выдержанны и дипломатичны. Время восприимчивости. Собирайте то, что вам необходимо. Ищите что-то старомодное. Наблюдайте, слушайте и думайте. Ведите себя так, чтобы другим было легко с вами, и понимайте их чувства. Создавайте гармонию. Получайте удовольствие в компании подруг. Расслабьтесь, будьте добры и милы. Ждите.

Я добра и внимательна к другим!

Вчера я сажала растения в саду Жизни. Сегодня я терпеливо жду пробуждения семян. У меня есть время для всех, и я внимательна ко всем вокруг меня. Я с радостью помогаю всем, кому могу помочь, снимая груз забот с других. То, что я отдаю, приумноженным возвращается ко мне. Я собираю для себя все, что понадобится в будущем. Это день гармонии, чуткости, любви, мира.

3-й Личный день

Цвет: ЖЕЛТЫЙ.
Драгоценность: ТОПАЗ.
ВРЕМЯ ВЕЧЕРИНОК.

Смейтесь, развлекайтесь. Все люди важны. Это общественный день. Пойте, танцуйте и играйте. Самовыражайтесь. Любите всех. Сегодня — истинная радость жизни. Выглядите красивой. Чувствуйте себя красивой. Выражайте радость, которую чувствуете, излучайте ее. Благословляйте всех и все.

Позвольте вашим творческим способностям свободно выражать себя. Лучший день для покупок. Это день людей. Любите их всех.

Я излучаю радость и делюсь ею с другими!

Радость течет по моим венам и выражается в каждой клетке моего существа. Я знаю, что мои семена прорастают, и это время радоваться. Я жизнерадостна, я нахожусь в гармонии с жизнью. Моя жизнь — праздник, которым я делюсь со всеми, кого знаю. Я полна творческих сил и свободно делюсь ими. Я прекрасна,

Все цвета хороши, и в разное время мы чувствуем себя комфортно в окружении разных оттенков.

и все любят меня. Все хорошо в моем мире, и я делюсь этим чувством с другими людьми.

4-й Личный день

Цвет: ЗЕЛЕНЫЙ.
Драгоценности: ИЗУМРУД или НЕФРИТ.
ВРЕМЯ РАБОТАТЬ.

Время рано вставать. Выполните все домашние обязанности. У вас сегодня очень много энергии. Осуществите свои планы. Заплатите по счетам. Напишите письма, которые откладывали. Сбалансируйте свой бюджет. Уберите дом. Вымойте машину. Будьте организованны и надежны. Отремонтируйте все неисправное. Сегодняшний труд не пропадет. Проверьте свое здоровье. Приготовьте все к завтрашнему дню.

Я организованна и работаю плодотворно!

Весь мир — ваша семья.
Будьте гуманны. Помогите
всем, кому можете помочь.
Будьте добры и щедры.

Первые нежные ростки пробиваются сквозь землю, и придется поработать. Я с радостью выдергиваю сорняки отрицания из моего сознания. Силы Вселенной поддерживают меня в этих усилиях, и энергия моя бесконечна. Я все делаю легко и быстро. Я строю надежный фундамент завтрашнего дня. Я здорова телом, разумом и духом.

5-й Личный день

Цвет: ГОЛУБОЙ.
Драгоценности: БИРЮЗА
или АКВАМАРИН.
ПЕРЕМЕНА И СЮРПРИЗ.

Выглядите как можно лучше. Принарядитесь как следует. Выйдите из дома и ищите новое. Положительные перемены витают в воздухе. Сегодня вы свободны. Ждите приятного сюрприза. Сделайте что-нибудь новое. Будьте гибкими. Измените заведенный порядок. Рекламируйте себя и свои товары. Взгляните на жизнь по-другому. Что-нибудь отдайте. Продайте что-нибудь. Лучший день для стрижки или хирургической операции. Сегодня вы почувствуете себя свободной.

Я приветствую перемены и наслаждаюсь новизной!

Урожай хорошо растет и сам заботится о себе: впитывает солнечный свет жизни и соки земли. Я свободно позволяю себе новый жизненный опыт. Я жду чудесного, восхитительного сюрприза, который принесет мне большую пользу. Я выгляжу замечательно и чувствую себя замечательно. Вот я, Мир,—открытая и восприимчивая ко всему хорошему, и приму это с радостью, удовольствием и благодарностью.

6-й Личный день

Цвет: СИНИЙ.
Драгоценности: САПФИР или ЛАЗУРИТ.
ВРЕМЯ УРЕГУЛИРОВАНИЯ.

Посмотрите на свой дом. Можно ли сделать его более удобным? А как насчет вас самих? Могли бы вы стать элегантнее? Пересмотрите вашу диету. Не нуждается ли она в поправках? Подумайте о своей личности. Нельзя ли быть повеселее? Просмотрите свои обязанности. Вы суете свой нос в дела других людей? Если да, то перестаньте. Вы должны что-нибудь? Тогда пора отдать долг. Останьтесь дома. Наполните ваш день музыкой. По возможности не путешествуйте. Если вам нужно что-то написать, перенесите на другой день. Этот день благоприятен для групповой работы. Чудесный день для переезда в новый дом.

Мой дом — спокойное убежище!

Мои растения цветут, они красивы, и радостно смотреть на них. Они украшают мой дом, и я с нежностью ращу их. Этой обязанностью я наслаждаюсь. Я легко вношу улучшения в мой дом там, где это необходимо. Мой дом — удобный приют для меня и других людей. Я открываю мой дом и приветствую гостей музыкой и любовью. Я воспринимаю их как любящую семью.

7-й Личный день

Цвета: ПУРПУРНЫЙ
или ФИОЛЕТОВЫЙ.
Драгоценность: АМЕТИСТ.
ПОСМОТРИТЕ НА СЕБЯ.

Побудьте в одиночестве хотя бы часть дня. Будьте спокойны. Читайте. Думайте. Прислушайтесь к своей душе. Оставьте мирские дела. Если вы сегодня погонитесь за деньгами, они ускользнут от вас. Если вы будете спокойно ждать, все само придет

Число и цвет вашего личного года — музыкальное сопровождение всего, что вы будете делать в этом году.

к вам. Изучайте что-нибудь из религии или науки. Если вы станете читать Библию, то выберите в этот день главу 6 от Матфея. Займитесь вашими растениями. Отправьтесь на длительную прогулку или поездку за город. Число 7 всегда что-то открывает. Медитируйте. Будьте открыты.

Я смотрю в себя и получаю ответы!

Плод еще мал, однако я верю, что Вселенная готовит для меня огромный урожай. Поэтому молча и неторопливо

я вхожу внутрь себя, чтобы прикоснуться к собственной внутренней мудрости. Я с любовью гляжу на природу и ее красоту, и я обновляюсь. Я доверяю Жизни заботу обо мне. Я знаю: «Все, что мне необходимо, всегда будет у меня. Сила, поддерживающая мое дыхание, обеспечит все остальное так же легко и свободно».

8-й Личный день

Цвета: БЕЖЕВЫЙ, КОРИЧНЕВЫЙ или РОЗОВЫЙ.
Драгоценность: БРИЛЛИАНТ.
УСПЕШНЫЙ БИЗНЕС.

Честолюбие пробуждается в вас. Это время успеха. Выглядите преуспевающе и ведите себя соответственно. Прекрасный день для бизнеса. Будьте руководителем. Организовывайте и преобразовывайте. Используйте здравый смысл. Оплатите ваши счета.

Сделайте всю финансовую и юридическую работу. Лучший день для подписания договоров и контрактов. Сходите в гимнастический зал или на медосмотр. В этот день вы часто получаете неожиданные деньги. Помогите кому-то менее удачливому. Теперь успех уже в ваших руках.

Щедрый урожай собран и готов отправиться на рынок. Я руковожу своей жизнью и делами. Меня ведет здравый смысл, поскольку я все время связана с универсальным разумом. С таким партнером, как Вселенная, я иду от успеха к успеху. Я доброжелательный и любящий правитель созданного мной царства. Чем больше я помогаю другим, тем больше я расту и процветаю. Там, где я, побеждают все.

9-й Личный день

Цвета: ВСЕ ПАСТЕЛЬНЫЕ ЦВЕТА.
Драгоценности:
ОПАЛ или ЗОЛОТО.
ЧЕЛОВЕЧЕСТВО.

Весь мир — ваша семья. Будьте гуманны. Помогите всем, кому можете помочь. Будьте добры и щедры. Никаких начинаний сегодня; закончите все дела. Это не время для первого свидания: отношения не будут долговечными. Никаких покупок, если это не подарок. Если чем-то из своих вещей вы не пользуетесь, отдайте или продайте. Освободитесь от всего, что больше не служит вам: вещей, идей, привычек, отношений. Пользуйтесь вашими творческими талантами. Прекрасный день для публичного выступления. То, что вы отдаете, вернется к вам, поэтому отдавайте только лучшее. Закройте эту главу; завтра вы начнете новую.

Я составляю одно целое с жизнью.

Весь мир — моя семья!

Работа сделана, цикл завершен. Все чисто. Я освобождаю и отпускаю; я с радостью отдаю все, в чем больше не нуждаюсь. Я щедра ко всем попутчикам на этой планете, так как они — мои братья и сестры. Я прощаю и забываю. Я свободна. Я с радостью отдаю все, чем обладаю физически и духовно. Я все понимаю, и я полностью реализована и удовлетворена. Все хорошо в моем мире.

11/2 Личный день

Цвета: ЧЕРНЫЙ, БЕЛЫЙ
или ЖЕМЧУЖНО-СЕРЫЙ.
Драгоценность: СЕРЕБРО.
СЛЕДУЙТЕ ЗА ВАШЕЙ ЗВЕЗДОЙ.

11/2 — господствующее число. Оставьте позади весь меркантилизм (торгашеский дух). Сегодняшние вибрации прекрасно настроены и высокодуховны. Ваша интуиция сильна. Ничего не форсируйте (не ускоряйте). Будьте молчаливы. Сохраняйте душевное спокойствие. Предоставьте дню идти своим чередом и ждите. Не читайте. Думайте. Не спорьте, вы не выиграете в споре. И в любом случае это не ваша вина. Будьте светом Вселенной для человечества. Сегодня вас может посетить вдохновение, или вы вдохновите других.

Я следую за своей духовной звездой!

Я напрямую получаю мудрость и знание от высшего источника. Когда я смотрю внутрь себя, я нахожу там ответы на все свои вопросы. На каждый вопрос отвечает

То, что вы отдаете, вернется к вам, поэтому отдавайте только лучшее.

мое собственное вдохновение. Я вдохновляю других. Я — сияющий пример любви и света. Сегодня я сияю спокойно и мирно.

22/4 Личный день

Цвета: КОРАЛЛОВЫЙ, КРАСНОВАТО-КОРИЧНЕВЫЙ или ЖЕЛТОВАТО-КОРИЧНЕВЫЙ.
Драгоценность: КОРАЛЛ.
ОТДАЙТЕ ЧАСТЬ СЕБЯ.

22/4 — господствующее число. Забудьте о себе и своих интересах. Что делаете сегодня, должно быть на благо всех. Работайте для общины или для всего общества.

Любые ваши планы должны быть обширными и в высших интересах всех. Принесите пользу другим. Это принесет удачу вам.

Я с радостью благословляю всеобщее процветание и содействую ему!

Для меня радость и удовольствие делиться всем, что я имею, и всем, что я есть, со всеми на этой планете. Я щедро отдаю свои таланты, способности и ресурсы. Мое представление о мире расширяется, и я работаю в высших интересах всех, кого это касается. Я составляю единое целое со Вселенной сейчас и навсегда.

Ваш личный календарь

ПРИМЕР: Если сентябрь — ваш 2-й личный месяц, тогда октябрь — 3-й.

Таблица 2

1998 сентябрь

Понедельник	Вторник	Среда	Четверг	Пятница	Суббота	Воскресенье
	1 3	2 4	3 5	4 6	5 7	6 8
7 9	8 1	9 *11/2*	10 3	11 4	12 5	13 6
14 7	15 8	16 9	17 1	18 *2*	19 3	20 22/4
21 5	22 6	23 7	24 8	25 9	26 1	27 *11/2*
28 3	29 4	30 5				

Ваш 2-й личный месяц

Таблица 3

1998 октябрь

Понедельник	Вторник	Среда	Четверг	Пятница	Суббота	Воскресенье
			1 4	2 5	3 6	4 7
5 8	6 9	7 1	8 11/2	9 *3*	10 4	11 5
12 6	13 7	14 8	15 9	16 1	17 2	18 *3*
19 22/4	20 5	21 6	22 7	23 8	24 9	25 1
26 11/2	27 *3*	28 4	29 5	30 6	31 7	

Ваш 3-й личный месяц

ЦВЕТА В ПИЩЕ

Красный: яблоки, свекла, красная капуста, вишня, редис, малина, клубника, помидоры, арбуз, красное мясо.

Оранжевый: абрикосы, канталупа (мускусная дыня), морковь, манго, апельсины, хурма, тыква, нектарины (гладкий персик), мандарины.

Желтый: бананы, кукуруза, яйца, грейпфруты, лимоны, растительное масло, персики, ананасы, сыр, ямс, батат (сладкий картофель).

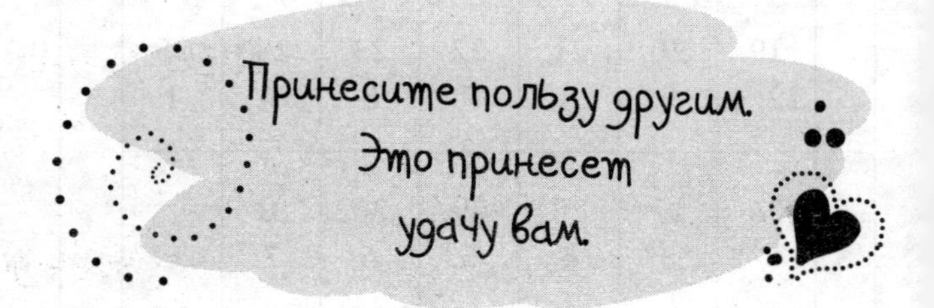

Зеленый: спаржа, артишок, авокадо, салат-латук, зеленые овощи, груши.

Голубой: черника, голубика, логанова ягода (гибрид малины с ежевикой), некоторые сорта винограда, синие сливы.

Синий: используйте все голубые и фиолетовые продукты.

Фиолетовый: ежевика, черная смородина, баклажан, темный виноград, фиолетовые сливы, красная водоросль.

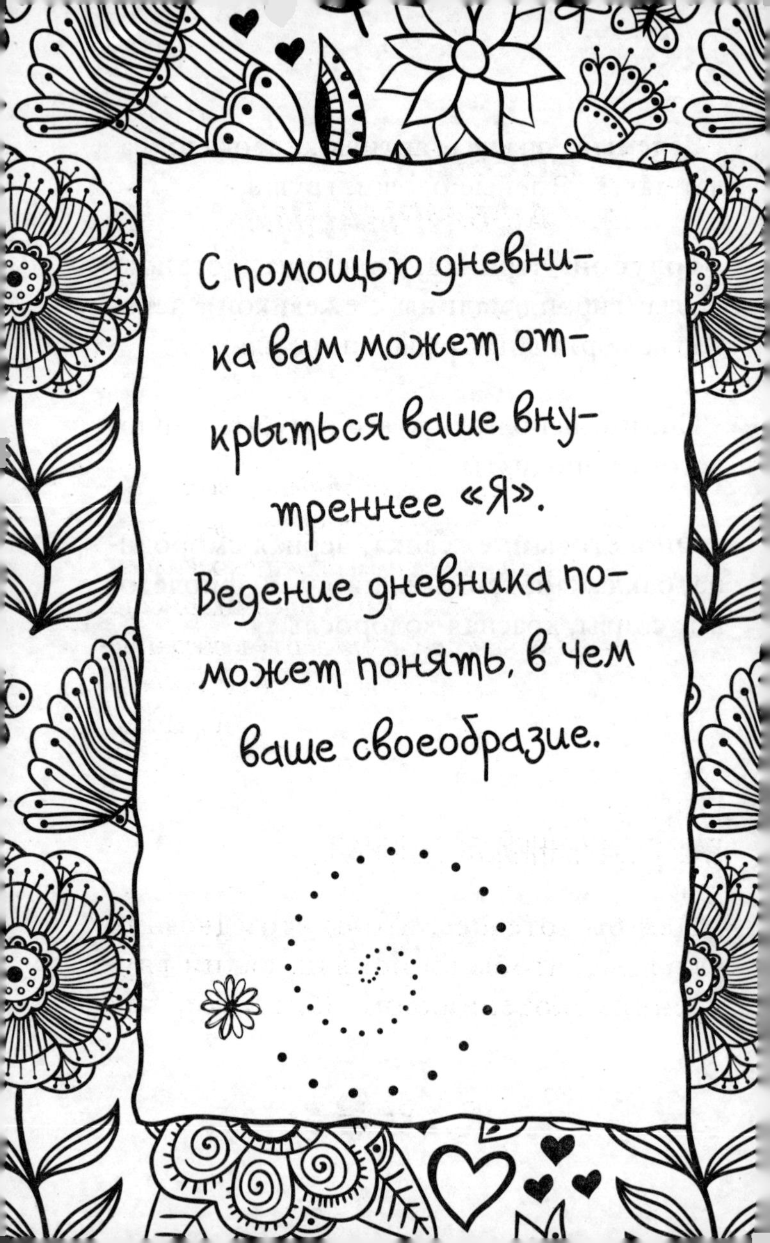
С помощью дневни-
ка вам может от-
крыться ваше вну-
треннее «Я».
Ведение дневника по-
может понять, в чем
ваше своеобразие.

ДНЕВНИК АФФИРМАЦИЙ

Посвящаю дневник всем вам.
Присоединяйтесь ко мне,
и мы заполним его прекрасными
мыслями и идеями. Вместе
мы внесем свою лепту в создание
мира, где царствует любовь.
Луиза Хей

ГЛАВА 1
ВАШ ВНУТРЕННИЙ ПОТЕНЦИАЛ

Нам бы хотелось, чтобы этот дневник увлек вас, чтобы вы поняли, каким внутренним потенциалом обладаете, как богаты и разнообразны ваши мысли. Как и любой инструмент, используемый для самопознания, развития и оздоровления, ведение дневника потребует от вас определенных навыков. Придется запастись терпением и научиться быть последовательным. Без этого вам не видать перемен. Заведите тетрадь и на отдельной странице запишите мою аффирмацию, а затем собственные позитивные установки и аффирмации.

«Заполняя дневник, вы тем самым фиксируете стихийный поток жизни и развития. С его помощью настоящее переживается более полно. Дневник — это свидетельство прошлых стереотипов и определение целей на будущее», — пишет доктор Луиза Каппачионе в своей классической работе «Творческий дневник».

Ведение дневника — это работа, которая может стать неотъемлемой частью вашей

жизни, если вы продвигаетесь вперед по тр
пинке самопознания. Выберите укромное
место и время для ведения записей. Однако
не будьте слишком требовательны к себе,
иначе вскоре вы будете думать о заполнении дневника с отвращением, как об уборке квартиры или другой обязаловке. Постарайтесь, чтобы время, которое вы выделили для себя, было использовано для медитации и самоанализа.

Вы можете писать о своих переживаниях и чувствах, о том, что вам приходится преодолевать и что вы испытываете при этом. Для самовыражения рекомендуется использовать рисунки, символы и записи. Дайте волю ребенку, который живет в каждом взрослом, и используйте цветные карандаши, мелки и чернила. Будьте спонтанны, не думайте об ошибках, правописании, грамматике или аккуратности. Это ваш личный дневник — ваше путешествие, поэтому выражайте себя наиболее удобным для вас способом. Результаты явятся для вас полной неожиданностью.

С помощью дневника вам может открыться ваше внутреннее «Я». Ведение дневника поможет понять, в чем ваше своеобразие.

Если вы решите показать свои записи другим людям, выберите тех, кто думает так же, как вы. Заставьте замолчать вашего внутреннего критика. Если вы обнаружите у себя недостатки, не пугайтесь. Признайте факт их существования — ведь никто не без изъяна, — а затем используйте ситуацию для создания новых позитивных мыслей и образов, которые должны прийти на смену старым.

Мы верим, что дневник вдохновит вас на фиксацию ваших мыслей, чувств и аффирмаций, поможет облечь в слова ваши надежды и мечты, он может стать письменным свидетельством нового положительного периода вашей жизни.

ГЛАВА 2
СИЛА АФФИРМАЦИЙ

Аффирмации — это то, что мы говорим или думаем. Очень часто они бывают отрицательными. Мы говорим: «Я не хочу повторения этого в моей жизни» или «Я не хочу больше болеть», «Я ненавижу эту работу». Если мы хотим что-то изменить в нашей жизни, надо обязательно произнести вслух, что именно. Мы должны превратить в установку наше желание изменить себя и нашу жизнь. Итак, чтобы изменить нашу жизнь, сначала следует изменить наши мысли.

При первом произнесении аффирмаций вам может показаться, что этот способ безнадежен. Если бы это было правдой, вы бы не нуждались в аффирмациях.

Представьте, что вы посадили семя. Оно прорастает, затем пускает корни, и только после этого первый росток пробивается наружу.

Должно пройти время, чтобы чахлый росток превратился во взрослое растение. Точно так же и с аффирмацией. Будьте терпеливы. У вас могут возникнуть сомнения относительно того, правильна ли ваша аффирмация и приносит ли она какую-либо пользу вообще. Что ж, ваши сомнения вполне обоснованны.

Как известно, подсознание подобно канцелярскому шкафу, в котором хранятся все ваши мысли, слова и переживания со дня рождения. У вашего разума есть курьеры, которые получают эти сообщения, просматривают их и кладут в соответствующую папку. Есть папки, которые создаются на протяжении многих лет. Они заполняются сообщениями типа: «Я недостаточно хороша», или «Я недостаточно умна, чтобы сделать это», или «Все бесполезно». Подсознание погребено под этими папками.

Но вот курьеры встречают сообщение, в котором говорится: «Я прекрасна, и я люблю себя».

Они откликаются: «Что такое? Куда вложить данную информацию? Мы не встречали подобного сообщения раньше». И тогда они обращаются к Сомнению. Сомнение подхватывает это сообщение и говорит вам: «Эй, смотри, нам некуда поместить твое сообщение. Должно быть, это ошибка». Вы можете ответить Сомнению: «О, вы правы! Я ужасна. Я не хороша собой. Сожалею, я ошиблась», — и вернуться к старому образу мыслей. Или вы говорите Сомнению: «Благодарю за беспокойство, но это новое сообщение. Заведите новую папку, так как подобных сообщений будет много». Со временем вы измените свое мышление и создадите для себя новую реальность. Помните, все зависит от вас!

Это ваш личный дневник — ваше путешествие, поэтому выражайте себя наиболее удобным для вас способом.

Усильте ваши новые позитивные аффирмации любым доступным для вас способом: в ваших мыслях, в ваших беседах с самой собой и другими, с помощью записи в дневнике.

Мы создали этот дневник, чтобы вдохновить вас на путь вашего духовного роста и исцеления. Вы можете использовать аффирмации на каждой странице как трамплин для создания собственных установок. Как только вы найдете верную для себя аффирмацию, вам захочется водрузить ее на зеркало, стол или приборную доску вашего автомобиля. Помните, одна аффирмация немного значит. Но мысли, которые мы постоянно прокручиваем в голове, как капли воды: сначала их почти не видно, но проходит время, и образовывается пруд, затем озеро и, наконец, — океан. Если у вас негативное мышление, вам грозит гибель в море отрицательных эмоций, если оно позитивное — можно спокойно плыть по океану жизни.

АФФИРМАЦИИ

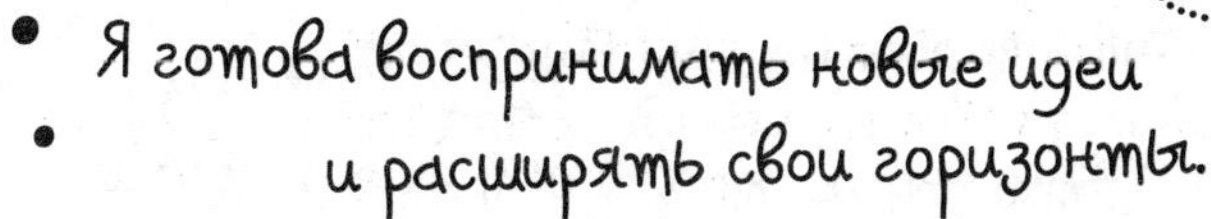

Я доверяю своему «Я».

Я с любовью прислушиваюсь к своему внутреннему голосу.

Я отказываюсь от действий и поступков, которые не направляет любовь.

Только я обладаю Силой, создавшей меня, ведь благодаря ей я могу строить свою жизнь. Я радуюсь тому, что могу использовать силу своего разума по собственному усмотрению.

Я знаю, как избавиться
от старых негативных установок.
Эти мысли тормозят мое развитие.
У меня теперь новые позитивные
творческие мысли.

Я делаю все, чтобы любовь,
заполнившая мое сердце, проникла
в каждую клеточку моего организма
и исцелила его и мои эмоции.

Теперь для хорошего
не осталось преград.
Я — проводник Божественных Идей.
Я живу в мире с собой.

Я излучаю радость
и спешу поделиться ею с другими.

Мне хочется смеяться,
петь и танцевать.
Я благословляю всех и вся.

Это всего лишь мысль,
а ее, как известно,
можно изменить.

Мое предназначение —
жить полной жизнью.
Я доверяю жизни.
Я в потоке жизни.
Я не боюсь жизни.

В моей жизни нет конкуренции
и соперничества, мы все разные
и всегда будем таковыми.
Я особенная и неповторимая.
Я люблю себя.

Я рождаюсь заново,
чтобы чувствовать себя в любви
свободной и научиться
любить без остатка.
Я даю жизни то, что жизнь
хочет дать мне.
Я счастлива, что появилась на свет.
Я люблю жизнь.

На протяжении всего дня
меня направляет Божественный
Разум, дабы я приняла правильное решение.
Он постоянно руководит мною
в выборе целей.
Я в полной безопасности.

В каждой жизненной возможности
я вижу шанс для себя.

Любое мое начинание будет
успешным, так как меня
направляет Создатель.

Жизнь — мой постоянный учитель.

Мой путь — это каменные ступени,
ведущие к большому успеху.
Сегодня я преодолеваю
ступени, ведущие к новому
пониманию и славе.

Я плыву по жизни свободно,
источая любовь.
Я люблю себя.

Я уверена, что за любым
поворотом меня ожидает
только хорошее.

Я постоянно радуюсь успеху
других, будучи уверена,
что места под солнцем
хватит всем.
Чем больше я осознаю,
что мне не нужно столько благ,
тем богаче я становлюсь.

Хорошее приходит ко мне
отовсюду и от всех.

Мой мир совершенен.
Мне ничто никогда не угрожает
и не будет угрожать.

Океан жизни дарит мне изобилие.
Все мои потребности и желания
удовлетворяются даже прежде,
чем я попрошу.
Со всех сторон и от всех людей
я вижу только хорошее.

Благодаря своей силе я любовно
создаю собственную реальность.

Любовью наполнено все вокруг,
и я тоже достойна любви.
Любящие люди заполняют мою жизнь,
и я считаю, что умею проявлять
свою любовь к окружающим.

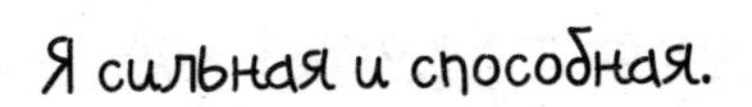

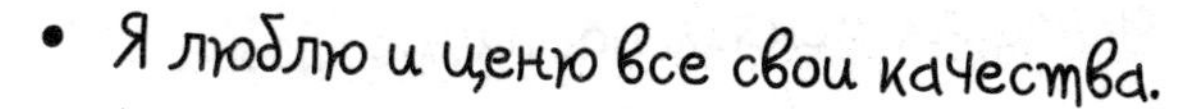

Я открыта и тянусь к силе,
счастью и покою.

Я выбираю в качестве путеводной
звезды своей жизни надежду,
отвагу и любовь.

Теперь все хорошее
стало для меня нормальным
и естественным явлением.

Любовь – чудотворная сила для меня. С помощью любви я преобразую всю свою жизнь.

Я доверяю своему внутреннему голосу. Я сильная, мудрая и могущественная.

Огромная мудрость сокрыта в каждом из нас. Ведь на все вопросы, которые мы задаем, в нас уже есть ответы.

Прощение — это ответ почти
на любой вопрос.
Прощение — это дар,
который нам преподносит
судьба. Я прощаю
и становлюсь свободной.

Где-то в глубинах моего «Я»
существует источник
бесконечной любви.
Теперь я позволяю любви
выйти из укрытия.
Она наполняет мое сердце,
мое тело и мой мозг,
мое сознание, все мое существо.

Я излучаю любовь,

которая возвращается ко мне,

многократно усилившись.

Я позволила жизни ворваться

в мое сознание.

Я мыслю легко и гармонично.

Я люблю себя и одобряю

свое поведение.

Мне ничто не мешает

быть самой собой.

С радостью и благодарностью
я принимаю все щедроты жизни.
Я заслужила их.

Я даю только то,

что желаю получить обратно.
Я дарю свою любовь окружающим,
и она возвращается
ко мне ежеминутно.

Я в мире со своими мыслями.
Я с любовью забочусь о себе.
Я легко иду по жизни.

Божественный мир
и гармония вокруг меня и во мне.

Я отношусь ко всем людям терпимо,
с сочувствием и с любовью.

Я частица потока жизни,
я живу в общем ритме.
Жизнь поддерживает
меня и приносит только
положительные,
добрые переживания.
Я верю, что жизнь
принесет мне счастье.

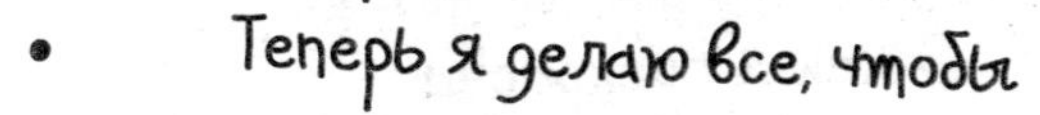

Я радуюсь своей силе.
Теперь я делаю все, чтобы
в соответствующей форме
выразить свою неповторимость.

Моя уникальная творческая личность
находит лучшие способы
самовыражения.
Мои творческие способности
всегда будут нужны.

Я в гармонии со всей Вселенной.
Я уверена, что жизнь повернулась
ко мне лицом.

Наконец, мне открылось,

как я прекрасна.

Я хочу любить и наслаждаться собой.

Я люблю и любима.

Меня стоит любить.

Мне ничто не мешает

иметь прекрасные мысли.

Я покинула прежние пределы

и обрела свободу.

Я становлюсь такой,

какой меня создали.

Настал новый день.

Такого еще не было в моей жизни.

Я наслаждаюсь каждым его мгновением.

Сегодня мой день; еще один неповторимый день.

Я проживу его в радости.

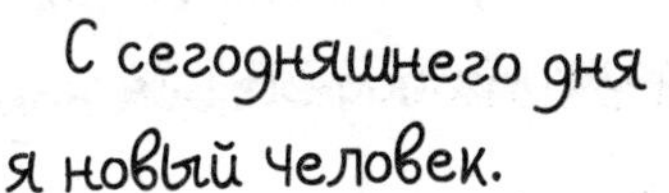

С сегодняшнего дня я новый человек.

Я свободна как ветер.

Я живу в мире, который создала своими любовью и пониманием.

Я восторгаюсь своим телом.

Я концентрируюсь на исцеляющих мыслях, которые оздоровляют и укрепляют мое тело, а также позволяют хорошо себя чувствовать.

Настало время исцеления и гармонии. Мы должны подняться над прошлым. Мы все — божественное, великолепное проявление жизни.

Я знаю, что бесценна. Я не боюсь преуспеть. Жизнь благосклонна ко мне.

Я — часть симфонии жизни.
Я вписалась в гармонию;
мои мысли обрели покой.
Я пребываю в гармонии с жизнью.

Я смотрюсь в зеркало и говорю:
«Я люблю тебя,
я на самом деле люблю тебя».

Я продолжаю произносить эту незатейливую аффирмацию, и моя внутренняя энергия начинает изменяться. Передо мной открываются моя собственная красота и мое великолепие.

Я спокойно сплю.

Я полностью полагаюсь на жизнь, которая заботится о моем высшем благе и величайшей радости.

Мой разум создает мою жизнь. Мне никто не мешает творить добро в своей жизни.

Прошлое не властно надо мной, поскольку у меня есть желание узнавать новое и меняться.

Я считаю свое прошлое данностью, которая определила мое место в настоящий момент.

Я решаю начать именно отсюда.

Любая моя мысль закладывает кирпичик будущего.

Любую проблему я рассматриваю с разных точек зрения. Точек зрения существует несметное количество, так же как и путей решения проблем. Я не боюсь.

В вечном течении жизни, в которой существую и я, все совершенно, целостно и закончено, и тем не менее жизнь не стоит на месте, она всегда меняется.

Нет ни начала, ни конца, лишь один круговорот вещей и чувств.

Жизнь не останавливается ни на минуту, поэтому каждое ее мгновение всегда ново и свежо.

Все, что мне нужно знать в любой момент, доступно мне.

Я верю в себя и в жизнь.

Все будет хорошо.

Я открыла свое сердце и готова поделиться самым исцеляющим даром — бесценным даром безоговорочной любви.

Я разрушила старые преграды
и теперь выражаю себя
свободно и творчески.

Я чувствую себя
защищенной и воспринимаю
совершенство своей жизни.
Все будет хорошо.

Каждое переживание делает
меня более опытной.

Я живу в мире с теми,
кто меня окружает.

Передо мной открывается множество возможностей.

Я заслуживаю хорошей жизни.

Я заслуживаю хорошего здоровья.

Я заслуживаю радости и счастья.

Я заслуживаю свободы; свобода в том, что я могу выбрать любой путь.

Я абсолютно свободна в моих мыслях.

Я теперь осваиваю новое пространство, я теперь осознаю себя по-новому.

Я хочу по-новому думать о себе и своей жизни.

Я провозглашаю мир и гармонию
в себе и окружающем мире.

Я хочу познать все, что необходимо.
Я хочу меняться и расти.
Сейчас я впитываю все необходимое,
чтобы стать привлекательной.

Я говорю: будь той,
кем быть можешь.
Я заслуживаю в жизни
самого лучшего.
Я люблю и ценю себя
и других людей.

Мы делаем все, что можем,
всегда и везде.
Положительные сдвиги
происходят гораздо быстрее
и легче, если мы безоговорочно
любим друг друга.

Глядя себе в глаза, я говорю:
«Я прощаю тебя, и я люблю тебя».

После этого мне легче
простить других.
Я заслуживаю всех благ.

Меня несет поток жизни,
я расслабилась и позволяю жизни

обеспечить меня всем необходимым.
Жизнь принадлежит мне.

Я открыта для восприятия
мудрости.
Я знаю, что существует
Мировой Разум.
Именно от него все ответы,
все решения, исцеления,
все сущее на Земле.

Я доверяю этой Силе и Разуму,
будучи уверена, что все,
что мне нужно знать,
будет открыто мне в нужное
время, в нужном месте

и в определенной
последовательности.
В моем мире все хорошо.

Я полностью открыта
для жизни и радости.
Я выбрала любовь.

Я преодолела страхи и барьеры,
присущие другим людям.
Я создаю свою жизнь.

Духовная пища, в которой
нуждаются мое тело и мозг, —
это постоянный поток любви.

Проявления моей любви
к себе многогранны.
Эта любовь проявляется
в выборе, который я сделала.
Ведь меня окружает любовь.

Я добиваюсь гармонии между
моим телом и моими мыслями.

Я концентрируюсь на мыслях,
которые позволяют мне
чувствовать себя хорошо.

Каждое мгновение моей жизни — свежее, новое, до краев наполненное жизнью.

Я использую аффирмации, чтобы создать то, что хочу.

Вокруг меня сплошная гармония. Я с любовью внемлю приятному и благому. Я — средоточие любви.

Я сильная. Я — хозяйка своих мыслей. Все, что говорят другие, не имеет значения.

От меня зависит —
принять или отвергнуть.
Моя сила — в моих мыслях.

Я открыта для всего нового.
Каждое следующее мгновение
предоставляет мне

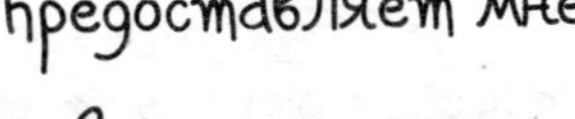

чудесную возможность стать
совершеннее, приблизиться
к идеалу.

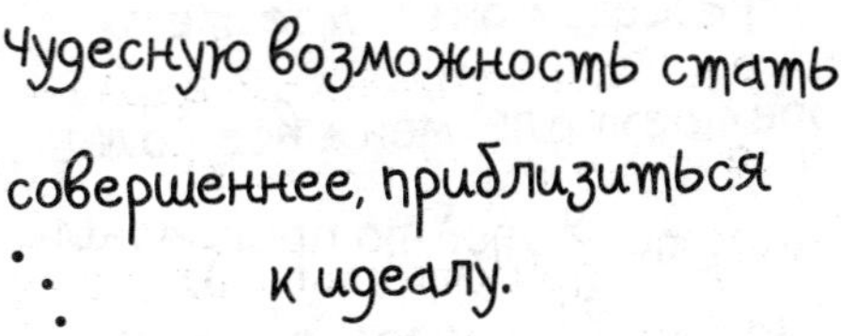

Я легко и без усилий
плыву по жизни.

Я полна жизни,
энергии и радости.

Я преклоняюсь перед
своим телом. Я благодарна за то,
что оно такое. Я люблю его.

С каждым днем мое тело
обретает для меня все большую
ценность. Я люблю прекрасный
замок, в котором обитает
моя душа.

Я создаю мир в моих мыслях,
а в моем теле этот мир

находит выражение
в отменном здоровье.

У меня достаточно сил
и знаний, чтобы
справиться со всем в жизни.

Мне нет надобности бороться:
за то, чтобы со мной
произошли перемены.

Все хорошее происходит
само по себе, как только
я даю разрешение. Я с легкостью
отбрасываю все ненужное.

Я — само понимание, и меня очень любят окружающие.

Я окружена любовью, которая защищает меня.

Отныне я черпаю благо для себя из любых источников — известных и неожиданных.

Для меня нет ограничений и запретов — ни в источниках, ни в путях.

Новая жизнь превосходит самые смелые мечты.

Я полна энтузиазма и энергии.
Я иду по жизни легко и радостно.

Я думаю и произношу
только слова любви.

Я пребываю в согласии с жизнью.
Я говорю с нежностью и любовью.

Жизнь возвращает
каждую мою мысль.
Когда я думаю позитивно,
жизнь приносит мне
только хорошее.

Я люблю себя, я устроила себе
комфортабельное жилище.
Мне в нем уютно и хорошо,
одно удовольствие.
Я заполнила его любовью,
поэтому каждый,
кто приходит ко мне,
чувствует эту любовь
и питается ею.

Атмосфера любви,
царящая в моих мыслях,
способствует совершению
маленьких чудес ежеминутно.

Вокруг меня всегда исцеляющая
атмосфера, воздействие
которой благословенно.

Она несет людям покой.

Я люблю себя.
Мое поведение и мысли пропитаны
любовью к людям.
И то, что я даю другим,
возвращается ко мне сторицей.

Я человек решительный.
Я иду по жизни и поддерживаю
себя с любовью.

Всегда найдется время и место
для того, что я задумала.

Я в любом человеке вижу
только хорошее
и помогаю ему проявить
его самые приятные стороны.

Я радостно прощаюсь
с прожитым днем
и погружаюсь в мирный сон,
уверенная, что завтра
само позаботится о себе.

Каждое мгновение жизни —
это возможность для меня начать
новую жизнь прямо здесь
и прямо сейчас.

Мне покойно именно
там, где я нахожусь.
Я принимаю отпущенные
мне блага, зная, что все мои желания
и потребности будут удовлетворены.
Я легко воспринимаю перемены.

Меня ведет по жизни Бог, вот почему
я всегда двигаюсь
в верном направлении.

Каждая моя мысль

создает мое будущее.

С каждым выдохом

я избавляюсь от всех

ложных идей и мнимых болезней.

Каждый из нас внутренне связан

со Вселенной. Осознав это,

мы обеспечиваем гармонию тела,

мыслей и эмоций.

Я полагаюсь

на собственную силу.

Думая о любви и радости,
я создаю любящий и радостный мир.
Я ничего не боюсь, я свободна.

Я радуюсь своему росту.
Изменения очевидны.
Красота окружает меня.
Я восхищаюсь тем, что вижу.

Я совершаю бесконечное
путешествие в Вечности,
и у меня в запасе много времени.
Я общаюсь с любовью.

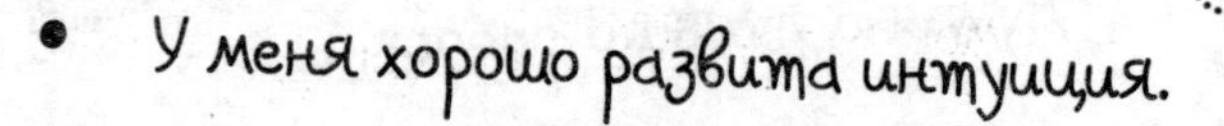

У меня хорошо развита интуиция.

Я хорошо отношусь к себе,
и мои решения всегда
для меня самые лучшие.

Я доверяю своему
внутреннему голосу.
Я сильная, мудрая и могучая.

Я благодарна жизни за то,
что она так щедра ко мне.
Я благословенна.

С помощью любви я помогаю
создавать мир, в котором
не опасно любить друг друга.

Я отказываюсь от всех мыслей,
которые не несут любовь и радость.
Я двигаюсь из прошлого

в новое и полное жизни
настоящее.
Моему совершенству нет предела,
меня ничто не ограничивает.
Я мудро, с любовью
и легкостью распоряжаюсь
своей жизнью.

Я верю, что будут царить
мир и изобилие.

Я верю в гармонию и союз
между народами и вношу свой
вклад в их развитие.

Любой конец —
это одновременно начало.

Жизнь бесконечна!

Мы должны превратить
в установку наше желание
изменить себя и нашу жизнь.
Чтобы изменить жизнь, сначала следует изменить мысли.

ЛЮБИ СВОЕ ТЕЛО

Маленькие дети любят каждый дюйм своего тела. Они нс комплексуют, не стыдятся его, постоянно не сравнивают себя с другими. Вы тоже были такими, но затем, шагая по дороге жизни, стали прислушиваться к голосам тех, кто утверждал, что вы «недостаточно хороши». Вы стали критически относиться к своему телу, решив, что именно оно портит вас. Давайте покончим с этими глупостями и начнем любить наше тело таким, какое оно есть. Конечно же, я понимаю, что годы тело не красят, но если мы будем относиться к нему с любовью, оно изменится к лучшему.

Подсознание не обладает чувством юмора и не может отличить правду от лжи. А все наши слова и мысли превращает в строительный материал. Повторяя снова и снова: «Я люблю свое тело», — вы посеете новые зерна в плодородную почву вашего подсознания, которые со временем превратятся для вас в непреложную истину.

Станьте перед зеркалом и повторите каждую аффирмацию (новый стереотип мышления) десять раз. Повторяйте это упражнение два раза в день. Кроме того, постарайтесь в течение дня записать десять новых аффирмаций. Один день — к одной из предложенных аффирмаций и так последовательно к каждой из предложенных аффирмаций. Заведите специальную тетрадь и записывайте в нее ваши собственные позитивные установки. Если после того, как вы проделаете все упражнения, останется хоть одна часть тела, которой вы не подарили свою любовь, примените ваш метод по отношению к ней на протяжении хотя бы месяца, пока не произойдут положительные сдвиги.

Если вас терзают сомнения или страхи, постарайтесь понять причину их возникновения, вероятнее всего — это старое мышление, которое не желает расставаться с вами. Но оно бессильно. Скажите ему мягко: «Мне с тобой не по пути». После чего повторите аффирмацию. Если вы перестали работать, значит вы сопротивляетесь. Проанализируйте, какую часть тела вы не хотите любить. Посвятите ей больше времени, чтобы преодолеть возникшую преграду. Переборите себя.

Итак, очень скоро вы полюбите свое тело, и ваше тело ответит вам отменным здоровьем. Вы с удивлением обнаружите, что исчезли морщины, нормализовался вес и улучшилась осанка.

И то, что вы постоянно внушали себе, станет для вас непреложной истиной.

Очень скоро вы полюбите свое тело, и ваше тело ответит вам отменным здоровьем.

Я ЛЮБЛЮ МОЙ МОЗГ.

Мой мозг позволяет мне понять, какое прекрасное чудо — мое тело. Я радуюсь тому, что живу. Я даю установку своему мозгу, что в состоянии исцелить себя. Именно в мозгу рождается картина моего будущего. Моя сила — в использовании моего мозга. Я концентрируюсь на мыслях, которые улучшают мое самочувствие. Я люблю и ценю мой прекрасный мозг!

Я ЛЮБЛЮ МОЮ ГОЛОВУ.

Моя голова не напряжена и спокойна. Я несу ее свободно и легко. Моим волосам на ней удобно. Они могут расти свободно и выглядеть роскошно. Я концентрируюсь на мыслях, которые с любовью массируют мои волосы. Я люблю и ценю мою прекрасную голову!

Я ЛЮБЛЮ МОИ ВОЛОСЫ.

Я верю, что жизнь удовлетворит мои потребности, а посему расту сильной и спокойной. Я расслабляю мышцы головы и позволяю моим прекрасным волосам бурно расти. Я с любовью ухаживаю за волосами и думаю о том, как поддерживать их рост и силу. Я люблю и ценю мои прекрасные волосы!

Я ЛЮБЛЮ МОИ ГЛАЗА.

У меня великолепное зрение. Я хорошо вижу в любом направлении. Я с любовью оглядываюсь на свое прошлое, гляжу в настоящее и будущее. Мой мозг решает, как мне смотреть на жизнь. Я теперь гляжу на все по-новому. Во всех и во всем я вижу только хорошее. Я строю жизнь, на которую любо смотреть. Я люблю и ценю мои прекрасные глаза!

Я ЛЮБЛЮ МОИ УШИ.

Я уравновешенна, владею собой и в жизни имею все. Я концентрируюсь на мыслях, которые создают вокруг меня гармонию. С любовью прислушиваюсь ко всему доброму и приятному. Я слышу мольбу о любви, сокрытую в словах каждого. Я хочу понимать других и сочувствую людям. Я наслаждаюсь своей способностью слышать жизнь. Я в состоянии воспринимать команды моего мозга. Я хочу слышать. Я люблю и ценю мои прекрасные уши!

Я ЛЮБЛЮ МОЙ НОС.

Я живу в мире с окружающими. Никто и ничто не имеет власти надо мной. В своей среде я обладаю властью и авторитетом. И мысли, которые важны для меня, выявляют мою самоценность. Я доверяю моей интуиции. Я доверяю ей, поскольку нахожусь в постоянном контакте с Мировым Разумом и Правдой. Я всегда двигаюсь в правильном направлении. Я люблю и ценю мой прекрасный нос!

Я ЛЮБЛЮ МОЙ РОТ.

Моя пища — новые идеи, моя задача — усвоить и переварить новые концепции. Как легко мне даются решения, если в их основе лежит правда. У меня есть вкус к жизни. Мысли, на которых я концентрируюсь,

Я живу в мире с окружающими. Никто и ничто не имеет власти надо мной.

позволяют мне произносить их с любовью. Я не боюсь рассказать окружающим о том, какова я на самом деле. Я люблю и ценю мой прекрасный рот!

Я ЛЮБЛЮ МОИ ЗУБЫ.

У меня крепкие и здоровые зубы. Я с радостью вгрызаюсь в жизнь. Я тщательно пережевываю все свои переживания. Я человек решительный. Я легко принимаю решения и не отступаю от них. Я концентрируюсь на мыслях, которые являются цементирующей основой моего бытия. Я доверяю своей мудрости, так как уверена, что всегда выберу оптимальные на данный момент решения. Я люблю и ценю мои прекрасные зубы!

Я ЛЮБЛЮ МОИ ДЕСНЫ.

Мои десны — просто загляденье, они заботливо поддерживают и оберегают мои зубы. Мне легко выполнять мои решения. Мои решения совпадают с моими убеждениями. Мудрость и Правда направляют меня. Я концентрируюсь на мыслях, которые толкают меня лишь на правильные поступки в жизни. Я люблю и ценю мои прекрасные десны!

Я ЛЮБЛЮ МОЙ ГОЛОС.

Я высказываю свое мнение. Я произношу слова громко и отчетливо. Мои слова выражают счастье и любовь. Они — музыка жизни. Я концентрируюсь на мыслях, которые выражают красоту и благодарность. Я подтверждаю свою неповторимость всей своей жизнью. Я люблю и ценю мой прекрасный голос!

Я ЛЮБЛЮ МОЮ ШЕЮ.

Я терпимо отношусь к поступкам и взглядам других людей. Я свободна, а посему могу принять их. Я хочу постоянно совершенствоваться. Я концентрируюсь на мыслях, которые позволяют мне широко мыслить и свободно выражать себя как творческую личность. Я свободна и радостна в своих проявлениях. Я чувствую себя в безопасности. Я люблю и ценю мою прекрасную шею!

Я ЛЮБЛЮ МОИ ПЛЕЧИ.

Я легко несу груз ответственности. Мой груз легок, словно перышко на ветру. Вот я стою — высокая, свободная, радостно взвалив на плечи все свои переживания. У меня прекрасные, прямые и сильные плечи. Я концентрируюсь на мыслях, которые делают мой путь легким и свободным. Любовь раскрепощает. Я люблю мою жизнь. Я люблю и ценю мои прекрасные плечи!

Я ЛЮБЛЮ МОИ РУКИ.

Я защищаю себя и тех, кого люблю. Я протягиваю руки навстречу жизни.

Я черпаю ее с радостью. Моя способность радоваться жизни очень велика. Я концентрируюсь на мыслях, которые позволяют мне с легкостью воспринимать любые перемены и двигаться в любом направлении. В любой ситуации я остаюсь сильной, спокойной и непоколебимой. Я люблю и ценю мои прекрасные руки!

Я ЛЮБЛЮ МОИ ЗАПЯСТЬЯ.

Какие у меня гибкие запястья, как свободно они двигаются! Благодаря им я с такой легкостью впускаю радость в свою жизнь. Эту радость я заслужила. Я концентрируюсь на мыслях, которые помогают мне наслаждаться тем, что я имею. Я люблю и ценю мои прекрасные запястья!

Я ЛЮБЛЮ МОИ ЛАДОНИ.

Я на все сто доверяю жизнь своим ладоням. Мои ладони знают тысячи способов, как управляться с событиями и людьми. Я концентрируюсь на мыслях, которые с легкостью справляются с моими переживаниями. Божественный порядок вещей организует все детали моей жизни. Все, что я делаю в жизни, я делаю с любовью, а посему я чувствую себя в безопасности. Я — сама естественность. Я живу в мире и согласии с самой собой. Я люблю и ценю мои прекрасные ладони!

Я ЛЮБЛЮ МОИ ПАЛЬЦЫ.

Мои пальцы доставляют мне массу удовольствия. Как хорошо, что я могу трогать и чувствовать, проверять и контролировать, заделывать и ремонтировать, с любовью что-то создавать и конструировать. Я держу мои пальцы на пульсе жизни, я настроена на волну любого человека, места или вещи. Я концентрируюсь на мыслях, которые позволяют мне с любовью дотрагиваться до всего. Я люблю и ценю мои прекрасные пальцы!

Я ЛЮБЛЮ НОГТИ НА МОИХ РУКАХ.

На мои ногти приятно смотреть. Я чувствую себя защищенной, в полной безопасности. Поскольку я расслаблена и с доверием отношусь к жизни, которая бурлит вокруг меня, у меня растут крепкие и твердые ногти. Я люблю и ценю все прелестные мелочи моей жизни. Я концентрируюсь на мыслях, которые позволяют мне легко и без усилий справляться с мелочами. Я люблю и ценю мои прекрасные ногти!

Я ЛЮБЛЮ МОЙ ПОЗВОНОЧНИК.

Мой позвоночник — это сама гармония и любовь. Каждый позвонок с любовью соединяется со своим соседом. Между ними существует совершенная гибкая связь, которая делает меня одновременно сильной и пластичной. Я могу дотянуться до звезд и дотронуться до земли. Я думаю о том, что позволяет мне чувствовать себя уверенно и свободно. Я люблю и ценю мой прекрасный позвоночник!

Я ЛЮБЛЮ МОЮ СПИНУ.

Меня поддерживает сама жизнь. Я ощущаю эмоциональную поддержку. Я освободилась от всех страхов. Я чувствую себя любимой. Я освободилась от прошлого и всех переживаний, что были в нем. Я отделалась от всего, что довлело надо мной. Теперь я отношусь к жизни с доверием. Я концентрируюсь на мыслях, которые мне необходимы. В жизни надо уметь ждать, ведь она полна неожиданностей. Я знаю, что в ней есть место для меня. Я держусь прямо, поддерживаемая любовью к жизни. Я люблю и ценю мою прекрасную спину!

Я ЛЮБЛЮ МОЮ ГИБКОСТЬ.

Господь наделил меня гибкостью и умением быть в жизни гибкой, как лоза. Я могу сгибаться и разгибаться, но всегда возвращаюсь в исходное положение. Я концентрируюсь на мыслях, которые должны усилить мою гибкость и пластичность. Я люблю и ценю мою гибкость!

Я ЛЮБЛЮ МОЮ ГРУДНУЮ КЛЕТКУ.

Все, что необходимо для роста, все, что я беру и отдаю, у меня прекрасно сбалансировано. Жизнь дает мне все, что нужно. Мое «я» свободно, и мне хорошо, когда люди вокруг меня такие, какие они есть на самом деле. Жизнь защищает всех нас. Мы все растем в атмосфере безопасности. Меня питает только любовь. Я концентрируюсь на мыслях, которые делают свободными всех нас. Я люблю и ценю мою прекрасную грудную клетку!

Я ЛЮБЛЮ МОИ ЛЕГКИЕ.

Я по праву занимаю свое место. Я имею право на существование. Я полной грудью, свободно вдыхаю и выдыхаю жизнь. Вдыхать окружающий мир совсем не опасно. Я доверяю Силе, которая так щедро одарила мое дыхание. Воздуха хватит до тех пор, пока у меня не пропадет желание жить. Да и жизни, и жизненного материала тоже достаточно; они не иссякнут, пока во мне не иссякнет жажда жизни. Я теперь отдаю предпочтение мыслям, которые создают для меня безопасную атмосферу. Я люблю и ценю мои прекрасные легкие!

Я ЛЮБЛЮ МОЕ ДЫХАНИЕ.

Мое дыхание для меня драгоценно. Это сокровище, которое дает мне жизнь. Я знаю, что жить безопасно. Я люблю жизнь. Я вдыхаю жизнь глубоко, полной грудью. Мой вдох и выдох полностью гармонизированы. Мои мысли делают мое дыхание легким и очаровательным. Находиться рядом со мной доставляет радость окружающим. Дыхание жизни помогает мне парить. Я люблю и ценю мое прекрасное дыхание!

Я ЛЮБЛЮ МОИ МИНДАЛИНЫ.

Мои миндалины — исходная точка моего самовыражения. Мое самовыражение — это уникальный подход к жизни. Я — уникальное создание. Я уважаю свою индивидуальность. Я репродуцирую в себе все хорошее, что встречается на моем жизненном пути. Моя оригинальность начинается с мыслей, которые я выбираю. Мои душа и тело сильны и гармоничны. Я не боюсь жизни и беру от нее все, что встречается на моем пути. Я люблю и ценю мои прекрасные миндалины!

Я ЛЮБЛЮ МОЕ СЕРДЦЕ.

Мое сердце с любовью разносит радость по моему телу, подпитывая клетки. Радостные новые идеи свободно циркулируют во мне.

Я излучаю и воспринимаю радость жизни. Я концентрируюсь на мыслях, которые создают радостное настоящее. Жить в любом возрасте не страшно. Мое сердце умеет любить. Я люблю и ценю мое прекрасное сердце!

Я ЛЮБЛЮ МОЮ КРОВЬ.

Кровь, что течет в моих жилах, — сама радость. Радость жизни свободно растекается по моему телу. Я живу радостно и счастливо. Я концентрируюсь на мыслях, которые помогают жить. Моя жизнь насыщенна, полна и радостна. Я люблю и ценю мою прекрасную кровь!

Я ЛЮБЛЮ МОИ НЕРВЫ.

У меня чудесная нервная система. Мои нервы даруют мне общение. Я ощущаю, чувствую и понимаю все очень глубоко. Я чувствую себя уверенно и в безопасности. Моя нервная система устроена так, что я умею расслабляться. Я концентрируюсь на мыслях, которые несут мне покой. Я люблю и ценю мои прекрасные нервы!

Я ЛЮБЛЮ МОЙ ЖЕЛУДОК.

Я с радостью перевариваю жизненные впечатления. Я с жизнью в ладу. Я легко усваиваю все, что несет новый день. У меня все хорошо. Я концентрируюсь на мыслях, которые прославляют меня. Я верю, что жизнь питает меня тем, в чем я нуждаюсь. Я знаю себе цену. Я хороша такая, как я есть. Я — Божественное, Великолепное Проявление Жизни. Я усвоила эту мысль, и она стала для меня истиной. Я люблю и ценю мой прекрасный желудок!

Я ЛЮБЛЮ МОЮ ПЕЧЕНЬ.

Я позволяю покинуть меня всему, в чем больше не нуждаюсь. Я с радостью освобождаюсь от раздражения, критицизма и осуждения. Мое сознание теперь очищено и исцелено. Все в моей жизни в Божественном истинном порядке. Все, что делается, делается для моей величайшей радости. В моей жизни я повсюду нахожу любовь. Я концентрируюсь на мыслях, которые исцеляют, очищают и возвышают меня. Я люблю и ценю мою прекрасную печень!

Я ЛЮБЛЮ МОИ ПОЧКИ.

Я не боюсь расти и жить жизнью, которую создала сама. Я освобождаюсь от старого и приветствую новое. Мои почки хорошо уничтожают старый яд в моем мозгу.

Мои решения совпадают с моими убеждениями. Мудрость и Правда направляют меня.

Теперь я концентрируюсь на мыслях, которые помогают создать мой мир. И, как следствие, я считаю его совершенным. Мои эмоции стабилизирует любовь. Я люблю и ценю мои прекрасные почки!

Я ЛЮБЛЮ МОЮ СЕЛЕЗЕНКУ.

Мое единственное стремлсние — получать удовольствие от жизни. Моя истинная сущность — мир, радость и любовь. Я концентрируюсь на мыслях, которые делают радостной любую область моей жизни. У меня здоровая, счастливая и нормальная селезенка. Я чувствую себя в безопасности. Я стремлюсь ощутить прелесть жизни. Я люблю и ценю мою прекрасную селезенку!

Я ЛЮБЛЮ МОЮ ТАЛИЮ.

У меня прекрасная талия. Она очень гибкая. Я могу изгибаться, как мне заблагорассудится. Я концентрируюсь на мыслях, которые позволяют мне получать радость от упражнений, поскольку их выполнение доставляет мне удовольствие. Объем моей талии как раз для меня. Я люблю и ценю мою прекрасную талию!

Я ЛЮБЛЮ МОИ БЕДРА.

Я иду по жизни, сохраняя равновесие. Жизнь всегда мне обещает что-то новое впереди. У каждого возраста свои интересы и цели. Я концентрируюсь на мыслях, которые сохраняют мои бедра крепкими и сильными. Я сильная во всех своих проявлениях. Я люблю и ценю мои прекрасные бедра!

Я ЛЮБЛЮ МОИ ЯГОДИЦЫ.

С каждым днем мои ягодицы становятся все прекраснее. Они фундамент моей силы. Мне известно, что я сильная личность, я осознаю это. Я концентрируюсь на мыслях, которые позволяют мне использовать мою силу с умом и любовью. Как чудесно чувствовать себя сильной. Я люблю и ценю мои прекрасные ягодицы!

Я ЛЮБЛЮ МОЮ ТОЛСТУЮ КИШКУ.

Я — канал, открытый для добра, что проникает в меня и циркулирует свободно, щедро и радостно. Я охотно освобождаюсь от мыслей и вещей, которые делают дискомфортным мое существование. В моей жизни все как надо: гармонично и совершенно. Я живу только настоящим. Я концентрируюсь на мыслях, которые помогают мне стать открытой и восприимчивой к жизни. Процесс приема, усвоения и выведения налажен у меня прекрасно. Я люблю и ценю мою прекрасную толстую кишку!

Я ЛЮБЛЮ МОЙ МОЧЕВОЙ ПУЗЫРЬ.

Я живу в мире с моими мыслями и эмоциями. Я живу в мире с окружающими.

Никто и ничто не имеет власти надо мной, поскольку я мыслю самостоятельно. Я концентрируюсь на мыслях, которые позволяют мне сохранять спокойствие. С какой охотой и наслаждением я освобождаюсь от старых концепций и идей. Они покидают мое тело легко и радостно. Я люблю и ценю мой прекрасный мочевой пузырь!

Я ЛЮБЛЮ МОИ ГЕНИТАЛИИ.

Я получаю наслаждение от своей сексуальности. Для меня это так естественно и прекрасно. Мои гениталии изумительны. Они само совершенство и в то же время абсолютно нормальные. Я достаточно хороша собой и красива. Я ценю удовольствие, которое мое тело приносит мне. Я не боюсь наслаждаться своим телом. Я концентрируюсь на мыслях, которые позволяют мне любить и ценить мои прекрасные гениталии!

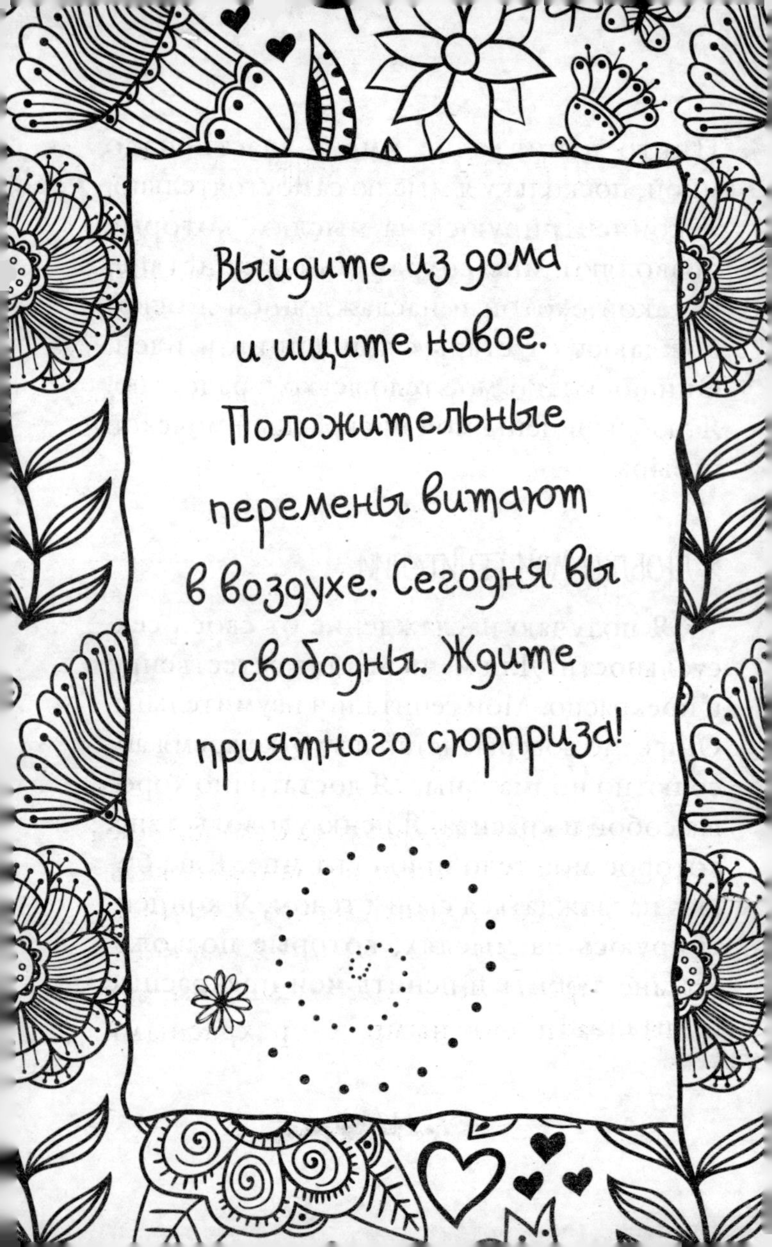
Выйдите из дома
и ищите новое.
Положительные
перемены витают
в воздухе. Сегодня вы
свободны. Ждите
приятного сюрприза!

Я ЛЮБЛЮ МОЮ ПРЯМУЮ КИШКУ.

Я вижу, как красива каждая клетка, каждый орган моего тела. Моя прямая кишка такая же нормальная и прекрасная, как любая другая часть моего тела. Я полностью одобряю каждую функцию своего тела и наслаждаюсь ее эффективностью и совершенством. Мое сердце, прямая кишка, пальцы ног — все они одинаково важны и прекрасны. Я концентрируюсь на мыслях, которые позволяют мне относиться с любовью ко всем частям своего тела. Я люблю и ценю мою прекрасную прямую кишку!

Я ЛЮБЛЮ МОИ НОГИ.

Я приняла решение: пора освободиться от старых детских ран и боли. Я отказываюсь жить прошлым. Теперь я начинаю жить настоящим. Как только я освободилась от прошлого, простилась с ним, мои ноги стали сильными и прекрасными.

Я с легкостью передвигаюсь в любом направлении. Я иду по жизни вперед, не обремененная прошлым. Я не напрягаю крепкие мускулы на своих ногах. Я концентрируюсь на мыслях, которые позволяют мне с радостью двигаться вперед. Я люблю и ценю мои прекрасные ноги!

Я ЛЮБЛЮ МОИ КОЛЕНИ.

Я гибкая и пластичная. Я отдаю и прощаю. Я с легкостью склоняюсь и плавно двигаюсь. Я понимаю и сочувствую и легко прощаю всех и все, что было в прошлом. Я признаю достоинства других и хвалю их при каждом удобном случае.

Я могу дотянуться до звезд и дотронуться до земли.

Я концентрируюсь на мыслях, которые позволяют мне воспринимать любовь и радость, встречающиеся на каждом шагу. Я поклоняюсь самой себе. Я люблю и ценю мои прекрасные колени!

Я ЛЮБЛЮ МОИ ЛОДЫЖКИ.

Мои лодыжки придают мне мобильность и выбирают направление. Я освободилась от всех страхов и чувства вины. Мне легко доставить удовольствие. Я двигаюсь в направлении высшего блага для меня. Я концентрируюсь на мыслях, которые привносят в мою жизнь радость и удовольствие. Я гибкая, у меня плавные движения. Я люблю и ценю мои прекрасные лодыжки!

Я ЛЮБЛЮ МОИ СТУПНИ.

Я все прекрасно понимаю. Я стою, уверенно опираясь на Правду. Я все лучше начинаю понимать себя, других и жизнь. Меня питает Мать-Земля, а Мировой Разум учит всему, что я должна знать. Я шагаю по планете в полной безопасности в направлении моего величайшего блага. Я с легкостью перемещаюсь во времени и пространстве. Я концентрируюсь на мыслях, которые помогают создать чудесное будущее, и двигаюсь в этом направлении. Я люблю и ценю мои прекрасные ступни!

Я ЛЮБЛЮ ПАЛЬЦЫ НА МОИХ НОГАХ.

Мои пальцы — разведчики будущего, которые идут впереди меня, расчищая путь. Они прямые, гибкие и сильные. Они находятся на переднем крае, они чувствуют и находят правильный путь в жизни. Я концентрируюсь на мыслях, которые оберегают мой путь. Стоит мне начать двигаться, как все приходит в полный порядок. Я люблю и ценю мои прекрасные пальцы ног!

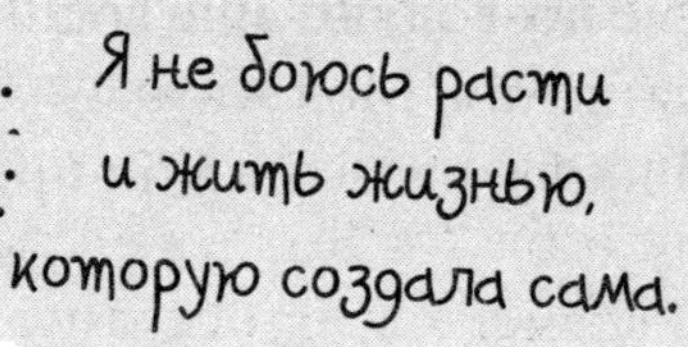

Я ЛЮБЛЮ МОИ КОСТИ.

Я сильная и здоровая. Я хорошо сложена, и все во мне пропорционально. Мои кости поддерживают, любят меня. Для меня важна каждая косточка. Я концентрируюсь на мыслях, которые укрепляют мою жизнь. Я соткана из материи Вселенной. Я — часть мироздания. Я люблю и ценю мои прекрасные кости!

Я ЛЮБЛЮ МОИ МЫШЦЫ.

Мои мышцы позволяют мне двигаться в моем мире. Они сильные и всегда будут таковыми. Они эластичные и легко растягиваются. Я концентрируюсь на мыслях, которые позволяют мне воспринимать новые впечатления. Моя жизнь — это танец радости. Я люблю и ценю мои прекрасные мышцы!

Я ЛЮБЛЮ МОЮ КОЖУ.

Моему «я» ничего не угрожает. Прошлое прощено и забыто. Теперь я свободна и чувствую себя в безопасности. Я концентрируюсь на мыслях, которые создают для меня радостную и спокойную атмосферу. У меня молодая и гладкая кожа на всем теле. Я люблю гладить свою кожу. Мои клетки будут вечно молодыми. Моя кожа — это броня, которая защищает башню, в которой я живу. Я люблю и ценю мою прекрасную кожу!

Я ЛЮБЛЮ МОЙ РОСТ.

У меня оптимальный рост. Я не слишком высокая и не слишком низкая. Я могу смотреть вверх и вниз. Я могу дотянуться до звезды и коснуться земли. Я концентрируюсь на мыслях, которые позволяют мне чувствовать себя надежно, в безопасности и любимой. Я люблю и ценю мой прекрасный рост!

Я ЛЮБЛЮ МОЙ ВЕС.

У меня оптимальный вес для меня на данный момент. Это именно тот вес, который я выбрала для себя. Я могу изменять свой вес по желанию. Я концентрируюсь на мыслях, которые позволяют мне испытывать удовлетворение от своего тела и его размеров и чувствовать себя комфортно. Я люблю и ценю мой прекрасный вес!

Я ЛЮБЛЮ МОЮ ВНЕШНОСТЬ.

Я люблю свою внешность. Она соответствует данному периоду моей жизни. Я выбрала свою внешность еще до рождения и полностью удовлетворена своим выбором. Я неповторимая и особенная. Никто не выглядит точно так же, как я. Я красива и с каждым днем становлюсь все более привлекательной. Я концентрируюсь на мыслях, которые делают меня красивой. Мне нравится, как я выгляжу. Я люблю и ценю мою прекрасную внешность!

Я ЛЮБЛЮ МОЙ ВОЗРАСТ.

У меня превосходный возраст. Каждый год для меня особенный и неповторимый, потому что я проживаю его только раз. Каждый год от младенчества до старости по-своему прекрасен. Как и детство, старость — это особый период. Я хочу испытать все. Я концентрируюсь на мыслях, которые позволяют мне спокойно становиться старше. Я с надеждой встречаю каждый новый год. Я люблю и ценю мой прекрасный возраст.

Я ЛЮБЛЮ МОЕ ТЕЛО.

Мое тело создано для жизни. Я рада тому, что выбрала именно это тело, так как оно само совершенство для данного момента моей жизни. У меня совершенные размеры, очертания и цвет. Оно так хорошо мне служит. Я в восхищении от того, что это мое тело. Я концентрируюсь на исцеляющих мыслях, которые создают и поддерживают здоровым мое тело и позволяют мне сохранять хорошее самочувствие. Я люблю и ценю мое прекрасное тело!

ХОРОШИЕ МЫСЛИ ДЛЯ ТОГО, ЧТОБЫ ПОЛЮБИТЬ СЕБЯ СЕГОДНЯ

Любовь к окружающему миру — отражение любви внутри меня.

Любовь начинается с меня.

Я люблю и забочусь о себе.

Я открываю себе свое сердце.

Любовь творит чудеса в моей жизни.

Любовь — самая мощная
целительная сила, которую я знаю.

Прощение открывает дверь моей любви.

Я помогаю создать мир, где безопасно
любить друг друга.

Чем больше любви я даю,
тем больше получаю.

С каждым днем мне легче любить.

Что-то может прийти
или уйти, но любовь к себе
постоянна и истинна.

Я посвящаю этот день тому,
чтобы больше любить себя.

Где бы я ни была и кого бы ни
встречала, я всегда вижу, что
любовь ждет меня.

Где-то есть человек,
который ждет именно то,
что я могу предложить ему.

В моей жизни появляется
больше любовных взаимоотношений,
когда я расслабляюсь и принимаю себя
такой, какая я есть.

Нет ничего опасного в том,
чтобы впустить любовь.

Любовь — это право, данное мне Богом.

У меня много друзей, которые любят меня.

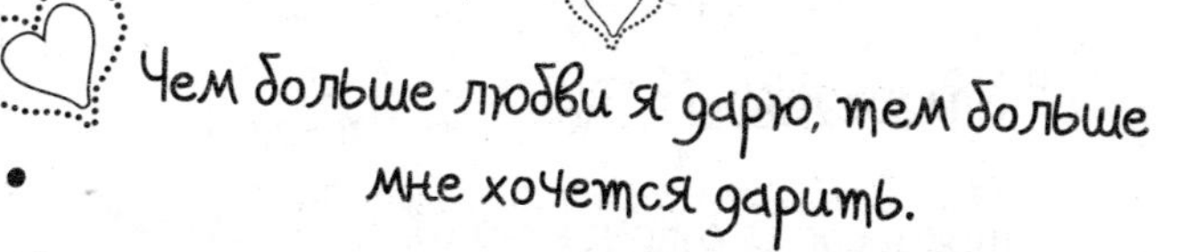

Чем больше любви я дарю, тем больше
мне хочется дарить.

Я смотрю в зеркало,

и мне легко сказать: «Я люблю тебя.

Я действительно люблю тебя».

Во мне бесконечно много любви,

и я делюсь ею с другими.

Я достойна любви.

Становится легче любить

себя и других.

Я благословляю моих родителей

любовью и отпускаю их к счастью.

Я люблю себя хотя бы
немного больше.

Мои отношения со всеми
в семье полны любви,
красоты и гармонии.

Делясь любовью, мы все
можем жить
в мире и спокойствии.
Все хорошо в моем мире любви.

Луиза Хей

«Исцели свое сознание. Универсальный рецепт душевного равновесия»

У этой удивительной книги два автора — всемирно известный автор бестселлеров в области популярной психологии Луиза Хей и американский врач-психоневролог, целительница Мона Лиза Шульц, успешно практикующая методы интуитивной медицины. Мона Лиза делится своим опытом и клиентскими историями, а сама Луиза присутствует на страницах книги своими советами и исцеляющими аффирмациями. Эта книга — своеобразный справочник-путеводитель по этой действенной методике интуитивной медицины. С ее помощью можно самостоятельно провести полную диагностику и разработать план по исцелению самого се бя — ведь книга содержит как теоретическую, так и практическую часть, а также особый подарок читателям — таблица, по которой можно самостоятельно подобрать аффирмации, если вы проходите курс лечения заболевания, не описанного в этой книге.

2017-147